800 days 一天一則，日日向上肯定句

療癒人心悅讀社◎編著

與名言相遇，一生受用

人生不如意事十常八九，活在世間，本就要經歷一連串的考驗。面對各種不同的人、事、物，不可能一切風平浪靜，事事如意。萬事存乎一心，遇到各種考驗時，「心念」扮演著相當重要的角色。這時，如果能夠適時出現一句話，提點自己，就能讓人茅塞頓開，進而產生勇氣。

這本《一天一則，日日向上肯定句800》總共收錄800則名言佳句，可能是一句話、一首詩詞或一小篇文章、詩歌，濃縮古今中外名人的智慧與歷練。內容涵蓋生命、愛情、親情、工作、夢想、光陰……等各個面向，是你在碰到各方瓶頸時，一個溫馨的鼓勵；也是你在順心時，一個歡欣的加油。在不同的時間點翻閱，都能有不一樣的心靈感動，讓你心有戚戚。

你可以每天、兩天閱讀一則，參照p.04～05的說明，將喜歡的句子或者動人心弦的詩詞標上記號，不僅幫自己打氣，更能記下許多人生中歡笑、哭泣的重要時刻、心情，讓記憶更深刻。書中收錄的名句值得人慢慢吟味，詩詞、古文和成語名句更加上簡單的註釋，有助於理解。

希望大家在閱讀本書時，也能養成隨手抄下佳句的習慣，或是抄寫在隨身筆記中，或是記在手機裡。此外，將這些有意義的句子當作習字範本（參照p.94、p.111、p.122和p.141），練習硬筆、毛筆也是不錯的活用。只要一天一句，再與自己的生活經驗做結合，相信這些文字將能發揮莫大的力量，時時刻刻陪伴著你，讓你充滿正能量，隨時都有勇氣面臨人生的各項挑戰。最後，編輯小組已極力確認這些名句的出處，如有謬誤，煩請讀者不吝來函指正，謝謝。

閱讀本書之前

在翻閱本書之前，大家可以先看下方數字的解釋，了解編排與符號的含意，將有助於閱讀。

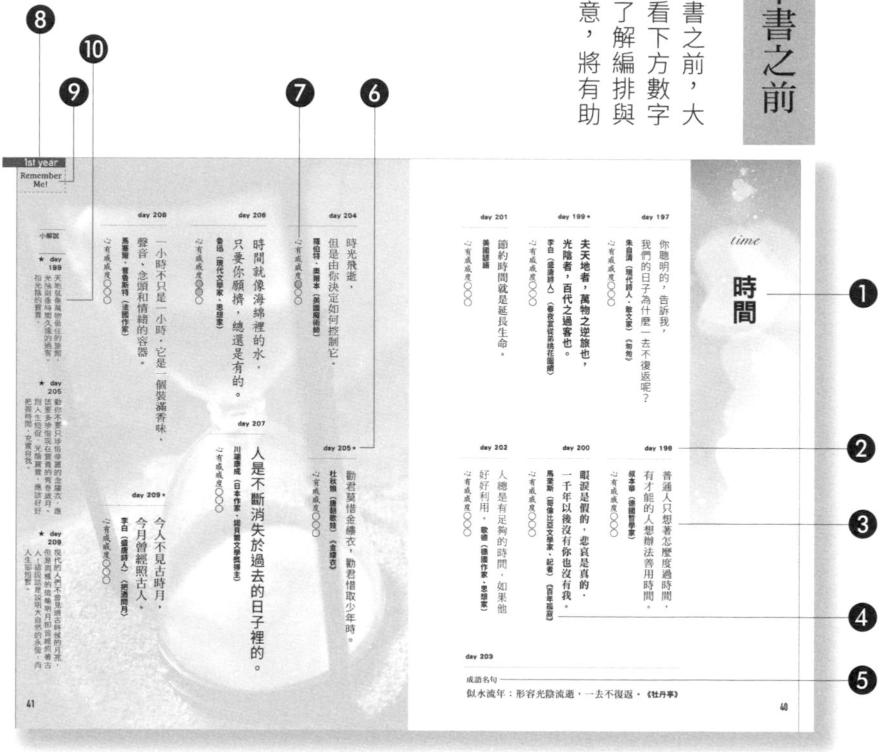

❶ 主題

書中收錄的名句除了以天數（day1 ～ 800）編排之外，還會搭配選出主題歸納名句，例如：「時間」、「愛情」、「工作」、「友情」、「運動員」等等，當中「人物」部分則有林徽因、尼采、李白、徐志摩等名人專輯。

❷ 天數

依序從 day1 ～ 800，全書共收錄 800 則。可隨個人喜好一天看一則或多則。

❸ 名句內容

古今中外名人動人心弦的一句話，或者一首詩詞、一小篇文章、詩歌等文學作品。

❹ 作者與出處

記載此句名言作品的作者，以及書籍、演講等出處。若未特別載明書籍名稱，則表示是名人語錄。

❺ 成語名句

收錄一些具有正面意義的成語，並記載出處。

❻ ★

這個符號表示此句名言有做註釋，可依號碼找到左頁對應的小解釋。

❼ 心有戚戚度

就是你對這則名言喜愛、心有同感的程度，三個圓圈代表「普通一般、喜歡、深得我心」，可以用螢光筆、色筆或原子筆塗滿圓圈做記錄。

❽ 年份

本書左頁的左上角，會標明年份。day1 ～ 365 為第一年（1st year）；day366 ～ 730 為第二年（2nd year）；day731 ～ 800 為第三年（3rd year）的一部分。每天按時閱讀一則，看完整本書，腦中就有 800 句名言了。

❾ Remember Me!

如果你喜歡這一頁的名句，可將「Remember Me!」這個欄位以螢光筆、色筆或原子筆塗滿，這樣不用折書角或夾書籤，也能輕易翻到。

❿ 小解釋

與「★」符號對應，針對文言文、詩詞、曲、古詩，或者需要說明之處，在此稍微解釋。

我一直喜歡在雨中行走，那樣就沒人能看到我的眼淚。

莫忘初心。

心 中 有 佛 ， 所 見 皆 佛 。

我從來不相信運氣，我只相信萬全的準備。

所 謂 英 雄 ， 就 是 走 自 己 的 路 的 傢 伙 。

第一年 1st Year

感人肺腑的名句

古今中外經典語錄、詩詞、詩歌、文學作品 ……
與名人跨越時空的一期一會

真正重要的東西，是眼睛無法看到的，唯有用心靈感受。

世事洞明皆學問，人情練達即文章。

day 1

我很相信運氣，事實上我發現我愈努力，我的運氣就愈好。

湯瑪斯・傑佛遜（美國第3任總統）

心有戚戚度〇〇〇

day 2

莫忘初心。

世阿彌元清（日本猿楽演員、劇作家）

心有戚戚度〇〇〇

day 3

一個人的性格決定了自己的際遇。假若你喜歡保持你的性格，那麼就無權拒絕你的際遇。

羅曼・羅蘭（法國作家）

心有戚戚度〇〇〇

day 4

從此我不再仰臉看青天，不再低頭看白水，只謹慎著我雙雙的腳步，我要一步一步踏在泥土上，打上深深的腳印！

朱自清（現代詩人、散文家）

心有戚戚度〇〇〇

day 5

並非事情困難，讓我們不敢做，是因為不去做，事情才變得困難。

賽內卡（古羅馬哲學家）

心有戚戚度〇〇〇

day 6

猶豫不決往往比做錯事還糟。

亨利・福特（福特汽車創辦人、美國工業家）

心有戚戚度〇〇〇

day 7

成語名句

簡在帝心：能被皇帝之心所知曉、賞識的人。**《論語》**

day 8

罐頭在一八一〇年的時候就有了，但開罐器卻是在一八五八年才發明的，這不是很奇怪嗎？但這種事也有可能發生吧！重要的東西有時候會遲來一步，就像是愛情、生活。

日劇《最棒的離婚》

心有戚戚度〇〇〇

day 9

一個女孩必備兩樣東西：美麗與優雅。

可可・香奈兒（香奈兒品牌創始人）

心有戚戚度〇〇〇

day 10

世上最快樂且高尚的事，是擁有能夠堅持一生的工作。
世上最悲慘的事，是身為人卻沒有教養。
世上最寂寞的事，是無事可做。
世上最醜陋的事，是羨慕他人的生活。
世上最讓人尊敬的事，是為人服務而不望回報。
世上最美的事，是對萬物有愛心。
世上最可悲的事，是欺瞞說謊。

福澤諭吉（日本思想、教育家）《福翁自傳》

心有戚戚度〇〇〇

day 11★

開到荼蘼花事了，塵煙過，知多少？

曹雪芹（清朝小說家、畫家）《紅樓夢》

心有戚戚度〇〇〇

day 12★

它山之石，可以為錯。

《詩經・小雅・鶴鳴》

心有戚戚度〇〇〇

day 13

每天做一件自己害怕的事。

伊蓮諾（美國羅斯福總統夫人）

心有戚戚度〇〇〇

小解說

★ day 11
荼蘼是夏天開的一種花。通常荼蘼在夏天時節開放，一旦荼蘼花開，就表示春天結束，比喻事情已到尾聲，也是指一切將從絢爛歸於平淡。

★ day 12
別座山上的石頭，可以取來製作治玉的磨石。「錯」是磨玉用的石頭。用以比喻借助外力，改正自己的缺失。

day 14

生命如鐵鑽，愈被敲打，愈能發出火花。

伽利略（義大利物理學家、天文學家）

心有戚戚度○○○

day 15

天下無難事，只怕有心人！天下無易事，只怕粗心人。

袁枚（清朝詩人、散文家）

心有戚戚度○○○

day 16★

四十九年一睡夢，一期榮華一杯酒。

上杉謙信（日本戰國大名）

心有戚戚度○○○

day 17

生前何必久睡，死後自會長眠。

蕭紅（現代作家）

心有戚戚度○○○

day 18

每教好一個孩子，就減少一個敗類。

雨果（法國作家）

心有戚戚度○○○

day 19

人過了四十歲，應該為自己的容貌負責。

林肯（美國第16任總統）

心有戚戚度○○○

day 20

看不上小錢，就存不了大錢。

佚名

心有戚戚度○○○

day 21

成語名句

不忮不求：不忌妒、不貪得無厭，指人的道德修養極佳。

《詩經》

day 22

對人生而言，健康並不是目的，但卻是第一個條件。

武者小路石篤（日本小說家、劇作家）

心有戚戚度○○○

day 23★

一花一世界，一葉一如來。

龐蘊（唐朝居士）《龐居士語錄》

心有戚戚度○○○

day 24

就算是 Believe，中間也藏了一個 lie
就算是 Lover，還可能會 over
就算是 Friend，還是免不了 end
但是，我們心中的 Trust，是建立在 us
要得到明天的 Next，先要放開過去的 ex
那麼我們的 Life，就能充滿了 if

佚名

心有戚戚度○○○

day 25

在航海中，一般人總祈求風平浪靜。但我祈求能把舵掌穩，即使船翻了，我渡彼岸的心絕對不放棄。

日常法師（福智文化創辦者）

心有戚戚度○○○

day 26

珍惜現在，別在毫無意義的事情上浪費時間。

南洋理工大學校訓

心有戚戚度○○○

day 27★

而今

道元禪師（日本佛教曹洞宗創始人）

心有戚戚度○○○

小解說

★ day 16 據說這是上杉謙信的辭世名句。感嘆這四十九年的人生，彷彿一場夢般，而一時的榮華富貴，不過是一杯令人迷醉的酒。

★ day 23 當人的內心寧靜、清明，即便是一朵花，也可以從中看到整個世界，從一片樹葉裡，看見如來的法身。

★ day 27 「不要受到過去和未來的束縛，要活在當下！」的意思。

day 28

心若改變，態度就會改變；態度改變，習慣就會改變；習慣改變，人生就會改變。

甘地（印度政治家）

心有戚戚度○○○

day 29

人生最遺憾的，莫過於，輕易地放棄了不該放棄的，固執地堅持了不該堅持的。

柏拉圖（古希臘哲學家）

心有戚戚度○○○

day 30

品性是一個人的內在，名譽是一個人的外貌。

莎士比亞（英國戲劇家、作家）

心有戚戚度○○○

day 31★

心中有佛，所見皆佛。

蘇軾（北宋文學家）

心有戚戚度○○○

day 32

健康的乞丐比有病的國王更幸福。

叔本華（德國哲學家）

心有戚戚度○○○

day 33

如果不邁開腳步，永遠不會知道前方的景色，你必須有所行動，你必須有所作為。

勞勃・狄尼洛（美國影星）

心有戚戚度○○○

day 34

成語名句

亹亹不倦：說話連續不斷，文章、言語說話感人精彩之意。「亹亹」讀音為「ㄨㄟˇㄨㄟˇ」。**《詩品》**

day 35

大著肚皮容物，立定腳跟做人。

李叔同（清末民初藝術家及僧侶）

心有戚戚度○○○

day 36★

疾如風，徐如林，侵略如火，不動如山。

武田信玄（日本戰國大名）

心有戚戚度○○○

day 37

一個人可以被消滅，但意志不能被打敗。

海明威（美國作家、記者）《老人與海》

心有戚戚度○○○

day 38

別把自己看得過高，世界不會因你而改變；別把自己看得過低，你的世界因你而精彩。

佚名

心有戚戚度○○○

day 39

每一個令你後悔的現在，都有一個不夠努力的曾經。

電影《燃燒鬥魂》

心有戚戚度○○○

day 40★

一期一會

千利休（日本茶道宗師）

心有戚戚度○○○

day 41

如果你正處於生命的谷底，堅持下去。

邱吉爾（英國前首相）

心有戚戚度○○○

小解說

★ day 31 心中如果有佛，那麼眼睛所看到的萬物都是佛。

★ day 36 「風林火山」是日本戰國時代（1467～1615年）甲斐國將領武田信玄軍旗上的字，文字出自《孫子兵法》中的「其疾如風，其徐如林，侵略如火，不動如山，難知如陰，動如雷震。」指軍隊如疾風掠過般迅速行動；行軍時如靜止的森林，不驚動敵人；侵略進攻時如烈火燎原般猛不可擋；防守時猶如巍巍高山般堅若磐石。

★ day 40 是日本茶道宗師千利休說的話。一期是佛語中「一生」的意思，一會則是「一次相會」，指在茶會中領悟到「這杯茶一輩子只能喝到一次」，必須現下好好品嚐。茶道之外，多有珍重現在、把握當下的勉勵之意。

people

林徽因

（作家、藝術家）★

day 42

邂逅一個人，只需片刻，愛上一個人，往往會是一生。
萍水相逢隨即轉身不是過錯，刻骨相愛天荒地老也並非完美。
在註定的因緣際遇裡，我們真的是別無他法。

心有戚戚度○○○

day 43

昨天又昨天，
美還逃不出時間的威嚴。

《題剔空菩提葉》

心有戚戚度○○○

day 44

終於明白，有些路，只能一個人走。
那些邀約好同行的人，一起相伴雨季，
走過年華，但有一天終究會在某個渡口離散。

心有戚戚度○○○

day 45

每個人的人生都是在旅程，
只是所走的路徑不同，所選擇的方向不同，
所付出的情感不同，而所發生的故事亦不同。

心有戚戚度○○○

day 46

有緣的人，無論相隔千萬之遙，終會聚在一起，攜手紅塵。
無緣的人，縱是近在咫尺，也恍如陌路，無份相逢。

心有戚戚度○○○

day 47

你給了我生命中不能承受之重，
我將用我的一生來報答你。

心有戚戚度○○○

day 48

成語名句

情見乎辭：在言詞中顯露了心意、情感。**《易經》**

day 49

都說時間是最好的良藥，當你覺得力不從心的時候，莫如將一切交付給時間，它會讓你把該忘記的都忘記，讓你漫不經心地從一個故事走進另一個故事裡。

心有戚戚度〇〇〇

day 50

答案很長，我準備用一生的時間來回答，你準備要聽了嗎？

心有戚戚度〇〇〇

day 51

一程山水，一個路人，一段故事，離去之時，誰也不必給誰交代。既是註定要分開，那麼天涯的你我，各自安好，是否晴天，已不重要。

心有戚戚度〇〇〇

day 52

流年真的似水，一去不返，看過的風景也許還可以重來，而逝去的人卻再也不會回頭。任由你千思萬想，他除了偶然在你夢中徬徨，其餘的時間都只是恍惚的印象。

心有戚戚度〇〇〇

day 53

你是我種下的前因，我又是誰的果報。

心有戚戚度〇〇〇

day 54

等待一場奼紫嫣紅的花事，是幸福。在陽光下和喜歡的人一起築夢，是幸福。守著一段冷暖交織的光陰慢慢變老，亦是幸福。

心有戚戚度〇〇〇

小解說

★林徽因（1904～1955年），原名林徽音，有「民國第一才女」之稱，更被胡適讚譽為「中國一代才女」。創作包含詩歌、散文、小說、劇本。她更醉心於建築，是中國第一位女性建築學家。著有《無題》、《籐花前》等詩作與小說《九十九度中》等。

林徽因（作家、藝術家）★ *people*

day 55★

我說你是人間的四月天；
笑響點亮了四面風；輕靈
在春的光豔中交舞著變。
你是四月早天裡的雲煙，
黃昏吹著風的軟，星子在
無意中閃，細雨點灑在花前。
那輕，那娉婷，你是，鮮妍
百花的冠冕你戴著，你是
天真，莊嚴，你是夜夜的月圓。

雪化後那片鵝黃，你像；新鮮
初放芽的綠，你是；柔嫩喜悅
水光浮動著你夢期待中白蓮。
你是一樹一樹的花開，是燕
在梁間呢喃，——你是愛，是暖，
是希望，你是人間的四月天！

林徽因（作家、藝術家）《你是人間的四月天——一句愛的讚頌》

心有戚戚度〇〇〇

小解說

★ day 55

林徽因最知名的詩歌之一。此詩一說是為初生的兒子所作，新生命帶來的喜悅，更讓她期望兒子能如花般開放，也將他比喻為愛、溫暖、希望，彷彿四月的氣候般令人舒適、春意宜人。此詩另一說是為詩人徐志摩所作。

day 56

成功的人碰到的問題沒有比較少，他們只是下定決心，沒有任何東西可以阻擋他們前進。

班・卡森（美國神經科醫師）

心有戚戚度○○○

day 57

想要打支起死回生的逆轉全壘打不是每個人都能做到，那得靠實力，不過還有一件最重要的事，那就是當逆轉場面的那一刻，你是否已站在打擊席。

日劇《求婚大作戰》

心有戚戚度○○○

day 58★

流水不腐，戶樞不蠹。

《呂氏春秋・盡數》

心有戚戚度○○○

day 59

要想真心大笑，就必須克服苦難，甚至與他一同作樂。

卓別林（英國默劇大師）

心有戚戚度○○○

day 60

想要成就大事業，就要趁年輕。

雨果（法國作家）

心有戚戚度○○○

day 61

命運與其說是偶然，還不如說是必然。「**命運寓於性格中**」，這句話並不是隨便說說而已。**芥川龍之介（日本作家）**

心有戚戚度○○○

day 62

一個人不需要的東西越多，越富有。**亨利・梭羅（美國作家、哲學家）**

心有戚戚度○○○

day 63

成語名句

日就月將：每天都有成就，每個月都持續進步，日積月累，積少成多。

《詩經》

day 64

真正重要的東西，是眼睛無法看到的，唯有用心靈感受。

聖．修伯里（法國作家）《小王子》

心有戚戚度○○○

day 65

生而為人，我很抱歉。

太宰治（日本小說家）《二十世紀旗手》

心有戚戚度○○○

day 66

不只是我，這是每個人都做得到的事情。這和你賺了多少錢無關，而是和你怎麼運用你的錢有關。

陳樹菊（愛心賣菜阿嬤）

心有戚戚度○○○

day 67

運氣就是準備加上機會。

歐普拉（美國脫口秀主持人）

心有戚戚度○○○

day 68

每個人心裡都有一座斷背山，只是你沒有上去過。往往當你終於嘗到愛情的滋味時，已經錯過了，這是最讓我悵然的。

李安（導演）

心有戚戚度○○○

day 69★

冷暖自知

道元禪師（日本佛教曹洞宗創始人）《正法眼藏》

心有戚戚度○○○

day 70

信念讓所有事情成為可能，愛則讓事情變得簡單。

德懷特．慕迪（美國佈道家）

心有戚戚度○○○

小解說

★ day 58
一直流動的水不會腐敗發臭，時常轉動的門軸不會被蟲子蛀蝕，如同滾動的石頭不生苔。人要避免安於現狀，才可以永保生命力。

★ day 69
水的冷熱，只有喝的人才知道。有時候不要過度思考，先嘗試去做吧！

day 71

愛不是互相凝視，
而是一起眺望同個方向。

聖・修伯里（法國作家）

心有戚戚度○○○

day 72

世界上最好和最美的東西是看不到也摸不到的，
但是可以用心感覺到。

海倫・凱勒（美國身障教育家）

心有戚戚度○○○

day 73★

行到水窮處，坐看雲起時。

王維（盛唐詩人）〈終南別業〉

心有戚戚度○○○

day 74

靜坐常思己過，閒談莫論人非。

李叔同（清末民初藝術家及僧侶）

心有戚戚度○○○

day 75

我們常常不去想自己擁有的東西，
卻對得不到的東西念念不忘。

叔本華（德國哲學家）

心有戚戚度○○○

day 76

一個人同時擁有自己這個唯一的朋友，
與自己這個唯一的敵人。

印度格言

心有戚戚度○○○

day 77

當你接受自己的人生時，幸福才會出現。**喬治・奧威爾（英國作家）**

心有戚戚度○○○

day 78

成語名句

孟詩韓筆：孟郊長於詩五言，韓愈擅於文，指詩和文章造詣極佳、出眾。
《因話錄》

day 79

聰明的人不會錯過機會，
更會自己創造機會。

培根（英國哲學家）

心有戚戚度○○○

day 80

女人的美並不是只有外表，靈魂才是真正美麗的。

奧黛麗．赫本（英國女演員）

心有戚戚度○○○

day 81

我們為一去不返的青春嘆息時，
應該考慮將來的衰老，
不要到那時再為沒有珍惜壯年而悔恨。

拉布呂耶爾（法國哲學家）

心有戚戚度○○○

day 82

失去的，永遠不會比你
手上現在握住的多。

邱吉爾（英國前首相）

心有戚戚度○○○

day 83

若是為了追求更美麗的東西，
任何規則都可以打破。

貝多芬（德國音樂家）

心有戚戚度○○○

day 84★

神不會擲骰子。

日劇《神不會擲骰子》

心有戚戚度○○○

小解說

★ day 73
來到流水盡頭，似乎已經無路可走。於是坐了下來，看到雲兒慢慢升起，飄渺於天際間。當人生遇到絕境時，放下得失，也會有另一番新的局面。

★ day 84
這是物理學家愛因斯坦的名言。用在這部戲劇中，是指「每個人的人生，並不是神用擲骰子來決定的，是一切自有安排」的意思。

friendship

友情 1

day 85

兩個人的友情，須有一個人的忍耐。

坦米爾族諺語

心有戚戚度○○○

day 86

天下快意之事莫若友，快友之事莫若談。

蒲松齡（明末清初作家）

心有戚戚度○○○

day 87

在哪裡找到了朋友，
我就在哪裡重生。

泰戈爾（印度詩人、諾貝爾文學獎得主）

心有戚戚度○○○

day 88

有知心朋友就是一種幸福。

武者小路石篤（日本小說家、劇作家）

心有戚戚度○○○

day 89

友誼像花朵，好好地培養，
便能開得心花怒放。

大仲馬（法國作家）

心有戚戚度○○○

day 90

財富並非永遠的朋友，
但朋友卻是永遠的財富。**佚名**

心有戚戚度○○○

day 91

真正的朋友，是一個靈魂孕育在兩個軀體裡。

亞里斯多德（古希臘哲學家）

心有戚戚度○○○

day 92

友誼就是一切。友誼比才能更重要，比政府更重要，它和家庭幾乎是可以畫上等號的。

馬利奧·普佐（美國小說家）《教父》

心有戚戚度○○○

day 93

世上有三種朋友：愛你的朋友、忘記你的朋友、恨你的朋友。

詹佛爾（法國道德家）

心有戚戚度○○○

day 94★

願車馬、衣輕裘，與朋友共，敝之而無憾。

子路（孔子弟子）《論語·公冶長篇第五》

心有戚戚度○○○

day 95★

人之相識，貴在相知，人之相知，貴在知心。

孟子（戰國時代思想家）《春秋》

心有戚戚度○○○

小解說

★ day 94
我願意將自己的車馬和所穿的皮襖，和朋友共用，即使用壞了，我也不會怨恨、不滿。

★ day 95
人與人相識，貴在彼此相互了解，而相互了解，貴在能夠了解對方的心靈深處。

友情 1 *friendship*

day 96

友情使喜悅加倍，使悲傷減半。

席勒（德國作家）

心有戚戚度○○○

day 97

世間最美好的東西，莫過於有幾個頭腦和心地都很正直的嚴正的朋友。

愛因斯坦（猶太裔物理學家）

心有戚戚度○○○

day 98★

一生一死，乃知交情。
一貧一富，乃知交態。
一貴一賤，交情乃見。

司馬遷（西漢史學家、文學家）《史記》

心有戚戚度○○○

day 99★

益者三友：友直、友諒、友多聞。

孔子（中國儒家創始人）《論語·季氏篇》

心有戚戚度○○○

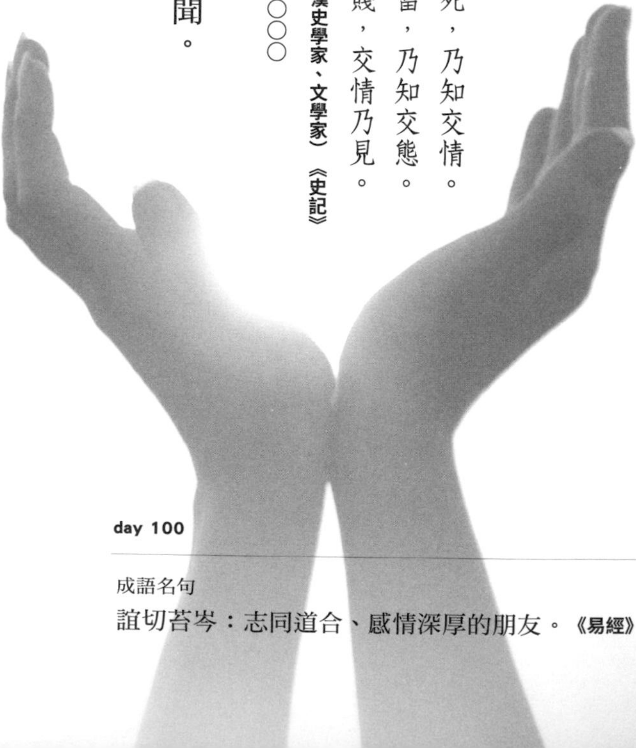

day 100

成語名句

誼切苔岑：志同道合、感情深厚的朋友。**《易經》**

day 101

生活的美源於你對生活的熱愛，友情的純真源於你對朋友真誠的相待。

佚名

心有戚戚度○○○

day 102

人生樂在相知心。

王安石（北宋思想家、文學家）

心有戚戚度○○○

day 103

忘記朋友是可悲的，並非每一個人都有過朋友。

聖・修伯里（法國作家）

心有戚戚度○○○

小解說

★ day 98
朋友不經生死關頭，難以看出真交情。在富貴變成貧窮的起落中，才能體會世態炎涼與人情冷暖。當朋友之間身分地位懸殊，交情的深淺便可顯現出來。

★ day 99
益於自己的朋友有三種：與正直的人交朋友，與誠信的人交朋友，與見聞廣博的人交朋友，就是有益的。

day 104

如果不往前跑，
你就看不到新的路。

日劇《昨夜的咖哩　明日的麵包》

心有戚戚度○○○

day 105★

貧賤樂中受，富貴險中求。

佚名

心有戚戚度○○○

day 106

樂觀的人永遠有路可走，
悲觀的人永遠無處可去。

劉銘（身心障礙人士、金鐘獎最佳廣播節目主持人）

心有戚戚度○○○

day 107

不知道自己的無知，乃是雙倍的無知。

柏拉圖（古希臘哲學家）

心有戚戚度○○○

day 108★

上善若水，
水善利萬物而不爭。

老子（春秋時代思想家）《道德經》

心有戚戚度○○○

day 109

為了成就大事，我們需要的不只是行動，
還要夢想，不只是計畫，還要相信。

阿納托爾・法朗士（法國作家）

心有戚戚度○○○

day 110

成語名句

良禽擇木：比喻有才能的人選擇賢明的主人。《左傳》

day 111

生活不可能如你想像得那麼好，但也不會如你想像得那麼糟。

莫泊桑（法國作家）《羊脂球》

心有戚戚度〇〇〇

day 112★

臨官莫如平，臨財莫如廉。

劉向（西漢文學家）

心有戚戚度〇〇〇

day 113

外表的美只能取悅於人的眼睛，而內在的美卻能感染人的靈魂。

伏爾泰（法國哲學家、文學家）

心有戚戚度〇〇〇

day 114

我們沒有時間做自己，我們只有時間快樂。

卡繆（法國小說家、哲學家、戲劇家）

心有戚戚度〇〇〇

day 115

懷疑是智慧的源頭。

笛卡兒（法國哲學家、數學家）

心有戚戚度〇〇〇

day 116

不要借別人的勢力來增加自己的威風。

森鷗外（日本小說家、評論家）

心有戚戚度〇〇〇

day 117

最可怕的敵人，就是沒有堅強的信念。

羅曼・羅蘭（法國作家）

心有戚戚度〇〇〇

小解說

★ day 105
無法吃苦，不敢冒險的人，沒辦法追求財富，只能在生活中安貧樂道。但如果想要獲得榮華富貴，則必須能夠冒險，挑戰各種困難。

★ day 108
聖人就像流水般，水能夠滋養萬物，卻不會爭功勞。

★ day 112
面對官職，最好的方式是公正，面對錢財，最好的方式是廉潔。

day 118

我走得很慢，但從來不後退。

林肯（美國第16任總統）

心有戚戚度○○○

day 119

任何現實都趕不上一個人心中年深月久所囤積的理想。

費茲傑羅（美國作家）《大亨小傳》

心有戚戚度○○○

day 120

太講究理智，容易與人產生磨擦；太順從情感，則會被情緒左右；太堅持己見，終將走入窮途末路。

太宰治（日本小說家）

心有戚戚度○○○

day 121★

君子養心，莫善於誠。

荀子（戰國末年思想家）《荀子．修身》

心有戚戚度○○○

day 122

愈學習，愈會發現自己的無知。

笛卡兒（法國哲學家、數學家）

心有戚戚度○○○

day 123

哪裡有意志存在，哪裡就會有出路。

歌德（德國小說家、劇作家）

心有戚戚度○○○

day 124

成語名句

餘音嫋嫋：音調宛轉悠揚、悅耳動聽，令人沉醉。〈前赤壁賦〉

day 125

想像力比知識更重要，知識是有限的，而想像力則包含了整個世界。

愛因斯坦（猶太裔物理學家）

心有戚戚度○○○

day 126★

天可補，海可填，南山可移；日月既往，不可復追。

曾國藩（清朝政治家、軍事家）

心有戚戚度○○○

day 127

人之所以犯錯，不是因為他們不懂，而是因為自以為什麼都懂。

盧梭（法國思想家、哲學家）

心有戚戚度○○○

day 128

認識真理的主要障礙不是謬誤，而是似是而非的真理。

托爾斯泰（俄國小說家、哲學家）

心有戚戚度○○○

day 129

今天是人生唯一生存的時間。

富蘭克林（美國發明家、政治家）

心有戚戚度○○○

day 130

心中有勇氣，就絕不會後悔。

上杉謙信（日本戰國大名）

心有戚戚度○○○

day 131

當現實給你一巴掌的時候，何不和他擊個掌？ **佚名**

心有戚戚度○○○

小解說

★ day 121

君子修養心性，最好的辦法就是誠信、誠實。

★ day 126

天可以補，海可以填，山可以搬動，但流逝的光陰，無論如何也追不回。

athletes

運動員

day 132

你無法打敗一個永不放棄的人。

貝比．魯斯（美國職棒選手）

心有戚戚度○○○

day 133

我們齊聚於此，並非只是為了一項興趣，而是追求一個共同的目標，就是贏球，沒有比這更重要的事。

可法斯（美國職棒大聯盟傳奇投手）

心有戚戚度○○○

day 134

開始滑冰讓我的人生有了巨大的變化。不過與其說是滑冰改變了我的人生，不如說是我選擇了它。

淺田真央（日本花式滑冰選手）

心有戚戚度○○○

day 135★

要戰勝PK，唯有具備踢PK的勇氣。

羅貝多．巴吉歐（義大利前足球國家隊主將）

心有戚戚度○○○

day 136

成語名句

壯志凌雲：理想宏遠偉大、志氣高。**〈學宮頌〉**

day 137

沒有人會替你完成夢想——無論透過眼淚，歡笑或任何其他的方法。他們可以提供想法或方向，但最後，你還是得自己完成。你必須找出自己的目標，即抵達的最佳路徑，因為沒有人比你更清楚。

納迪婭・柯曼妮奇（羅馬尼亞體操選手）

心有戚戚度○○○

day 138

我希望孩子們能為自己的夢想而努力，這也許不是一朝一夕可達成，但總要堅持。

關穎珊（美國花式滑冰選手）

心有戚戚度○○○

day 139

我從來不相信運氣，我只相信萬全的準備。

鮑伯・奈特（美國 NCAA 教練）

心有戚戚度○○○

day 140

所謂不可能，是放棄以自身之力開創局面的膽小鬼說的話。所謂不可能，只不過是安於現狀者的藉口。所謂不可能，絕非事實，僅僅是先入為主的成見。沒有什麼不可能。

穆罕默德・阿里（世界拳王）

心有戚戚度○○○

day 141

沒有任何選手是不曾失敗過的。但是，一流的選手會盡全力讓自己重新站起來，一般的選手可能會花一點時間才能重新振作，而真正的輸家會一直躺在球場上。

達雷爾・羅伊亞爾（美式足球教練）

心有戚戚度○○○

小解說

★ **day 135**

PK（penalty kick）是指足球場上12碼罰球的意思。

day 142

生活可以選擇的方向有無限多個，但每一個方向都沒有歸路。

喬治・桑塔亞那（西班牙裔美國文學家）

心有戚戚度○○○

day 143

人生來是為行動的，就像火光總向上騰，石頭總往下落。

伏爾泰（法國哲學家、文學家）

心有戚戚度○○○

day 144★

一切有為法，如夢幻泡影，如露亦如電，應作如是觀。

《金剛經》

心有戚戚度○○○

day 145

真正渴求知識的人總能求得知識。

英國諺語

心有戚戚度○○○

day 146★

自天子以至於庶人，壹是皆以修身為本。

《禮記》

心有戚戚度○○○

day 147

不可能存在沒有真實的人生，真實恐怕就是指人生本身。

卡夫卡（德語小說家）

心有戚戚度○○○

day 148

強權的後盾就是暴力，暴力又是根據在人的貪慾之上。

賴和（台灣詩人）

心有戚戚度○○○

day 149

成語名句

字字珠玉：每個字如同珍珠、寶玉般珍貴。形容文章造詣佳。

《邯鄲記》

day 150

人們汲汲營營的一切瑣事，最終只有換來虛無。

D.H. 勞倫斯（英國作家）

心有戚戚度〇〇〇

day 151

人所缺乏的不是才幹，而是志向，不是成功的能力，而是勤勞的意志。

部爾衛（英國政治家、詩人）

心有戚戚度〇〇〇

day 152★

長袖善舞，多財善賈。

韓非（戰國末期思想家）《韓非子・五蠹》

心有戚戚度〇〇〇

day 153

當一個人不能擁有的時候，他唯一能做的便是不要忘記。

馬塞爾・普魯斯特（法國作家）《追憶似水年華》

心有戚戚度〇〇〇

day 154

貨真價值的同情，並非感情用事，而是具有創造性。

史蒂芬・茨威格（猶太裔奧地利作家）

心有戚戚度〇〇〇

day 155★

信言不美，美言不信。

老子（春秋時代思想家）《道德經》

心有戚戚度〇〇〇

小解說

★ day 144 世上一切有為法，都好像作夢，是不真實的。又好像水中的泡沫，是不實在的。像影子，看得見，捉不著。又如同露水、雷電，瞬間即逝。應當這樣看待，才能真正看破。

★ day 146 上自天子，下到平民，一切都要以修身為做人處事的根本。

★ day 152 袖子長，跳起舞來就好看、吸引人，而財富雄厚，則做生意容易成功。後指手腕高，善於經營人際關係。

★ day 155 可以相信、對自己有助益的話不會好聽，可是阿諛的好聽話千萬不要相信。就是忠言逆耳的意思。

books

讀書

day 156

所有的好書，閱讀時彷彿是和過去世界上最傑出的人們談話。

笛卡兒（法國哲學、物理學家）

心有戚戚度○○○

day 157★

腹有詩書氣自華，讀書萬卷始通神。

蘇軾（北宋文學家）〈和董傳留別〉

心有戚戚度○○○

day 158

讀書不思考，好比吃飯不消化。

英國諺語

心有戚戚度○○○

day 159★

書到用時方恨少，事非經過不知難。

陸游（南宋文人）〈格言聯〉

心有戚戚度○○○

day 160★

要知天下事，須讀古人書。

馮夢龍（明朝文學家、戲曲家）

心有戚戚度○○○

day 161

書是朋友，雖然沒有熱情，但是非常忠實。**雨果（法國作家）**

心有戚戚度○○○

day 162

成語名句

學富五車：形容讀很多的書，學識淵博。**《莊子》**

day 163

我愛書。我常常站在書架前，這時我覺得我面前展開了一個廣闊的世界，一個浩瀚的海洋，一個蒼茫的宇宙。

劉白羽（現代文學家）

心有戚戚度○○○

day 164

讀書之法，在循序而漸進，熟讀而精思。

朱熹（南宋理學家）

心有戚戚度○○○

day 165

第一次讀到一本好書，好比結交了一個好朋友；再次讀這本好書，就像與朋友重逢。

法國諺語

心有戚戚度○○○

day 166

讀書破萬卷，下筆如有神。

杜甫（盛唐詩人）〈奉贈韋左丞丈二十二韻〉

心有戚戚度○○○

day 167

經驗豐富的人讀書用雙眼，一隻眼睛看到紙面上的話，另一隻眼睛看到紙的背面。

歌德（德國小說家、劇作家）

心有戚戚度○○○

day 168

不讀書的人，思想就會停止。

狄德羅（法國思想家）

心有戚戚度○○○

day 169

少年讀書，如隙中窺月；中年讀書，如庭中望月；老年讀書，如臺上玩月。皆以閱歷之淺深，為所得之淺深耳。

張潮（清朝文學家）《幽夢影》

心有戚戚度○○○

小解說

★ day 157 腹有詩書，則可以使自己的氣質，包括生理和心理得到昇華。讀了萬卷書，便有如能夠通神佛，什麼都懂了。

★ day 159 真正需要用到知識時，才知道書讀得太少。若不是親身經歷，便不知事情的艱難。

★ day 160 想要知道更多天底下的事情，就要讀更多古時候傳下來的書。

day 170★

非學無以廣才，非志無以成學。

諸葛亮（三國時代軍事家、政治家）〈誡子書〉

心有戚戚度○○○

day 171

婚姻能否幸福，完全是機會的問題。

珍・奧斯汀（英國文學家）

心有戚戚度○○○

day 172★

心生，種種魔生；心滅，種種魔滅。

吳承恩（明朝文學家）《西遊記》

心有戚戚度○○○

day 173

快樂的人不是沒有痛苦，而是不會被痛苦所左右。人生難免會和痛苦不期而遇，其實痛苦並不可怕，可怕的是內心背叛自己，成為痛苦的幫手。

佚名

心有戚戚度○○○

day 174

別談過去的事，因為我們還年輕。

三島由紀夫（日本小說家、劇作家）

心有戚戚度○○○

day 175

飲食，睡眠，運動時不要思考問題，保持愉悅，這是保持長壽的良方。

培根（英國哲學家）

心有戚戚度○○○

day 176

孩子需要榜樣甚於批評。

傑貝爾（法國道德家）

心有戚戚度○○○

day 177

成語名句

休休有容：形容君子胸懷寬廣、氣度寬宏，而有容人氣量。**《尚書》**

day 178

處世須留餘地，責善切戒盡言。

李叔同（清末民初藝術家及僧侶）

心有戚戚度〇〇〇

day 179

唯一不會趕走我們的樂園是回憶。

讓・保羅（德國作家）

心有戚戚度〇〇〇

day 180

樹和草都注意不使子孫長得太靠近自己，因為它們不希望因此而窒息。**紀德（法國作家）**

心有戚戚度〇〇〇

day 181★

如月之恒，如日之昇。

笛卡兒（法國哲學家、數學家）

心有戚戚度〇〇〇

day 182

名字究竟是怎麼一回事呢？我們稱之為玫瑰的那種花，即使叫別的名字，芳香依然是不變的。

莎士比亞（英國戲劇家、作家）

心有戚戚度〇〇〇

day 183

原諒是好的，忘掉更好。

羅伯・布朗寧（英國詩人）

心有戚戚度〇〇〇

day 184

父母在，不遠遊，遊必有方。

孔子（中國儒家創始人）《論語・里仁篇》

心有戚戚度〇〇〇

小解說

★ **day 170** 不肯學習，就無法廣得知識；不專心一志，就無法成就學問。

★ **day 172** 這裡的魔生，指的是魔由心生，是說人心容易受到外在的各種迷惑，因而迷失自我。

★ **day 181** 有如慢慢圓滿的上弦月，有如逐漸昇起的太陽。以此表示事業漸漸發展。

day 185

只要記住一點，如果你把手插在口袋裡，就絕對無法爬上成功的梯子。

阿諾・史瓦辛格（美國演員、政治家）《2009 年南加州大學演講》

心有戚戚度○○○

day 186★

人間五十年，與天下互相比較，如夢又似幻，一度得生者，豈有長生不滅者乎。

織田信長（日本戰國大名）《信長公記》

心有戚戚度○○○

day 187★

物極必反，否去泰來。

《易經》

心有戚戚度○○○

day 188

你得虔誠，你得等待。如果你是好的，一切都會順當的。如果你不行，如果你是弱者，如果你不成功，你還是應當快樂。因為那表示你不能再進一步。幹嘛你要抱更多的希望呢？幹嘛為了你做不到的事悲傷呢？一個人應當做他能做的事。竭盡所能。

羅曼・羅蘭（法國作家）《約翰・克利斯朵夫》

心有戚戚度○○○

day 189

人皆生而平等。

《美國獨立宣言》

心有戚戚度○○○

day 190

優雅是唯一不會褪色的美。

奧黛麗・赫本（英國女演員）

心有戚戚度○○○

day 191

成語名句

一紙千金：文章具有極高的價值。**《題明發高軒過圖》**

day 192

有回憶才是完美人生。

馬塞爾・普魯斯特（法國作家）《追憶似水年華》

心有戚戚度〇〇〇

day 193

因寒冷而打顫的人，最能體會到陽光的溫暖。經歷了人生煩惱的人，最懂得生命的可貴。

惠特曼（美國詩人、散文家）《草葉集》

心有戚戚度〇〇〇

day 194★

博學之，審問之，慎思之，明辨之，篤行之。

《禮記》

心有戚戚度〇〇〇

day 195

少關心別人的逸聞私事，多留意別人的思路觀點。

居禮夫人（法國物理學家）

心有戚戚度〇〇〇

day 196

發亮的並不都是金子。

莎士比亞（英國戲劇家、作家）《威尼斯商人》

心有戚戚度〇〇〇

小解說

★ day 186 織田信長在桶狹間之戰前夕，他舞了一曲幸若舞中的曲目《敦盛》，並吟唱當中一段歌詞：「人生五十年，與天地的長久相比，如夢似幻；有生就有死，又有什麼好遺憾呢？」據說這一段歷史被記錄在《信長公記》這本織田信長的半自傳中，此書作者是他的舊部屬太田牛一。

★ day 187 當逆境達到了極點，就會轉成順境，指惡運到頭，好運就會來。

★ day 194 廣泛學習，謹慎詳細詢問，慎重思考，明確地分辨事理，認真踏實地實行。凡事要謹慎小心，確認後再實行。

time

時間

day 197

你聰明的，告訴我，我們的日子為什麼一去不復返呢？

朱自清（現代詩人、散文家）〈匆匆〉

心有戚戚度○○○

day 199★

夫天地者，萬物之逆旅也，光陰者，百代之過客也。

李白（盛唐詩人）〈春夜宴從弟桃花園續〉

心有戚戚度○○○

day 201

節約時間就是延長生命。

美國諺語

心有戚戚度○○○

day 198

普通人只想著怎麼度過時間，有才能的人想辦法善用時間。

叔本華（德國哲學家）

心有戚戚度○○○

day 200

眼淚是假的，悲哀是真的，一千年以後沒有你也沒有我。

馬奎斯（哥倫比亞文學家、記者）《百年孤寂》

心有戚戚度○○○

day 202

人總是有足夠的時間，如果他好好利用。**歌德（德國作家、思想家）**

心有戚戚度○○○

day 203

成語名句

似水流年：形容光陰流逝，一去不復返。**《牡丹亭》**

day 204

時光飛逝，但是由你決定如何控制它。

羅伯特・奧爾本（美國魔術師）

心有戚戚度〇〇〇

day 206

時間就像海綿裡的水，只要你願擠，總還是有的。

魯迅（現代文學家、思想家）

心有戚戚度〇〇〇

day 208

一小時不只是一小時，它是一個裝滿香味、聲音、念頭和情緒的容器。

馬塞爾・普魯斯特（法國作家）

心有戚戚度〇〇〇

day 205★

勸君莫惜金縷衣，勸君惜取少年時。

杜秋娘（唐朝歌妓）〈金縷衣〉

心有戚戚度〇〇〇

day 207

人是不斷消失於過去的日子裡的。

川端康成（日本作家、諾貝爾文學獎得主）

心有戚戚度〇〇〇

day 209★

今人不見古時月，今月曾經照古人。

李白（盛唐詩人）〈把酒問月〉

心有戚戚度〇〇〇

小解說

★ day 199
天地就像萬物借住的旅館，光陰則像時間久遠的過客。指光陰的寶貴。

★ day 205
勸你不要只珍惜華麗的金縷衣，應該要多珍惜現在寶貴的青春歲月。指人生短促，光陰寶貴，應該好好把握時間，充實自我。

★ day 209
現代的人們不曾見過古時候的月亮，但是同樣的這輪明月卻曾經照著古人！這段話是說明大自然的永恆，而人生卻短暫。

day 210

到最後，生命的價值不在於活了多少歲，重要的是你如何度過這些歲月。

林肯（美國第16任總統）

心有戚戚度○○○

day 211

笑，全世界陪著你笑；哭，只有你一人獨自流淚。

艾拉．威爾克斯（美國詩人）〈孤獨〉

心有戚戚度○○○

day 212

機會隱藏在困難中。

愛因斯坦（猶太裔物理學家）

心有戚戚度○○○

day 213

我們不能做什麼偉大的事；只能用偉大的愛做些小事。

德蕾莎修女（天主教慈善工作者、諾貝爾和平獎得主）

心有戚戚度○○○

day 214★

為萬蟲寫照，為百鳥傳神。

齊白石（現代國畫畫家）

心有戚戚度○○○

day 215

一個人不可能活著卻沒有失敗過，除非你活得相當戒慎恐懼、小心翼翼，但結果可能是你根本從未真正活過，這樣的話，你還是因為沒有活過而未戰先敗了。

J.K. 羅琳（英國小說家）《2008 年哈佛大學演講》

心有戚戚度○○○

day 216

成語名句

澧蘭沅芷：沅水之中有盛茂之芷，澧水之內有芬芳之蘭，異於眾草。比喻人品高潔、事物高尚。**《楚辭》**

day 217

絕不，絕不，絕不、絕不放棄！

邱吉爾（英國前首相）

心有戚戚度○○○

day 218

千日之修練為「鍛」，萬日之修練為「鍊」。

宮本武藏（日本江戶時代劍術家、藝術家）

心有戚戚度○○○

day 219

我也許不如心中那麼壯，不過我知道很多竅門，而且我有信心。

海明威（美國作家、記者）《老人與海》

心有戚戚度○○○

day 220

人都是為希望而活，因為有了希望，人才有生活的勇氣。

托爾斯泰（俄國小說家、哲學家）

心有戚戚度○○○

day 221★

是日已過，命亦隨滅。如少水魚，斯有何樂。

《法句經・無常品》

心有戚戚度○○○

day 222

如果我比別人看得更遠，那是因為我站在巨人的肩膀上。

牛頓（英國數學家、天文學家）

心有戚戚度○○○

小解說

★ day 214

齊白石的畫作以日常所見、現實所感的事物居多，畫出生活中所有的美好景象。

★ day 221

一天又過去，代表壽命也跟著減少一天。就好像魚，需要活命的水又少了一些，這樣有什麼好高興的呢？

day 223

學習，讓人心永遠不會感到疲倦。

達文西（義大利文藝復興時期的全才）

心有戚戚度○○○

day 224

悲傷的唯一治療是做些什麼事。

路易士（英國哲學家）

心有戚戚度○○○

day 225

所有我見過的人，
必定有某方面勝過我，
那正是我該向他學習的地方。

愛默生（美國文學家、思想家）

心有戚戚度○○○

day 226★

欲除煩惱先忘我，
各有因緣莫羨人。

李叔同（清末民初藝術家及僧侶）

心有戚戚度○○○

day 227

沒有什麼比熱情更重要的了，無論你的人生想做什麼，都一定要充滿激情。這個世界不需再多灰暗，另一方面，我們也得不到足夠的色彩。沒有人想一輩子平庸，但完美也不該是所有人的目標。我們永遠都不會完美，但要記住這三個p：熱情（passion）+堅持（persistence）=可能（possibility）。

邦喬飛（美國搖滾樂團主唱）《2001年蒙莫斯大學演講》

心有戚戚度○○○

day 228★

人心之不同，
如其面焉。
吾豈敢謂
子面如吾面乎？

《左傳》

心有戚戚度○○○

day 229

成語名句

大巧若拙：真正聰明、有智慧的人，不會顯露自己，從表面來看，好像笨拙。**《道德經》**

day 230

有所成就是人生唯一的真正樂趣。

愛迪生（美國發明家）

心有戚戚度○○○

day 231

如果說我有什麼功績的話，那不是我有才能的結果，而是勤奮有毅力的結果。

達爾文（英國生物學家）

心有戚戚度○○○

day 232★

知我者，謂我心憂，不知我者，謂我何求。

《詩經・王風・黍離》

心有戚戚度○○○

day 233

痛苦會過去，美麗會留下來。

雷諾瓦（法國畫家、雕刻家）

心有戚戚度○○○

day 234★

工欲善其事，必先利其器。

孔子（中國儒家創始人）《論語・衛靈公篇》

心有戚戚度○○○

day 235

每個人都有缺陷，像是被上帝咬過的蘋果，有的人缺陷比較大，那是因為上帝特別喜歡他的芬芳。

托爾斯泰（俄國小說家、哲學家）《戰爭與和平》

心有戚戚度○○○

day 236

當你長大時，你會發現你有兩隻手，一隻用來幫助自己，一隻用來幫助別人。

奧黛麗・赫本（英國女演員）

心有戚戚度○○○

小解說

★ day 226
消除煩惱必須先達到忘我的境界，每個人都各有因緣，無須羨慕他人。

★ day 228
每個人心中的想法、念頭都不同，就像長相，人人皆不一樣。我怎麼能夠認為你的面貌和我的一樣？

★ day 232
了解我的人，會明白我內心煩憂；不了解我的人，則是說我有什麼要求。

★ day 234
想做好工作，必須先讓工具鋒利。比喻要做好一件事，事前的準備工作很重要。

failure

失敗

day 237

我從來不害怕失敗，因為失敗後必然會有好事發生。

安妮・巴克斯特（美國演員）

心有戚戚度○○○

day 238

我們在意的並不是失敗與否，而是你對失敗能否甘心。

林肯（美國第16任總統）

心有戚戚度○○○

day 239★

丈夫貴不撓，成敗何足論。

陸游（南宋文人）

心有戚戚度○○○

day 240

人生難免崎嶇難行，但這只是一時。我希望大家記得：**失敗沒什麼，不過是讓你的人生轉了個彎。**

歐普拉（美國脫口秀主持人）

心有戚戚度○○○

day 241

沒有從失敗中得到任何東西，才是真正的失敗。

佚名

心有戚戚度○○○

day 242

青春的字典裡，沒有失敗這個字。

布爾沃・李頓（英國政治家、詩人）

心有戚戚度○○○

day 243

成語名句

一曝十寒：指做學問或工作時而勤奮，時而懶散荒廢，缺乏恆心與毅力。**《孟子》**

day 244

我沒有失敗，只是發現了一萬種方法行不通。

愛迪生（美國發明家）

心有戚戚度〇〇〇

day 245

錯誤禁不起失敗，但是真理卻不怕失敗。

泰戈爾（印度詩人、諾貝爾文學獎得主）

心有戚戚度〇〇〇

day 246★

凡百事之成也，必在敬之；其敗也，必在慢之。

司馬光（北宋文學家、史學家）《資治通鑑》

心有戚戚度〇〇〇

day 247

為失敗找藉口，只會讓失敗變得更醒目。

莎士比亞（英國戲劇家、作家）

心有戚戚度〇〇〇

day 248

你不應該煩惱「失敗的話怎麼辦」，而是要思考「成功了該如何」。

佚名

心有戚戚度〇〇〇

day 249

失敗沒有高手。無論是誰，在失敗之前都是個凡人。

普希金（俄國詩人）

心有戚戚度〇〇〇

day 250

不要垂頭喪氣，即使失去一切，明天仍在你的手裡。

王爾德（愛爾蘭作家、詩人）

心有戚戚度〇〇〇

小解說

★ day 239 大丈夫貴在不屈服、不退縮，成功或失敗又有什麼好說的呢？

★ day 246 大凡在所有事情上成功的人，一定是因為認真對待；而失敗的人，必定是因為怠慢、沒有努力。

day 251

一句話說得合宜，就如金蘋果在銀網子裡。

《聖經》〈箴言25〉

心有戚戚度○○○

day 252★

規小節者，不能成榮名。惡小恥者，不能成大功。

司馬遷（西漢史學家、文學家）《史記・魯仲連鄒陽列傳》

心有戚戚度○○○

day 253★

天行健，君子以自強不息。

《易經・乾・象》

心有戚戚度○○○

day 254

誰都可能出個錯兒，你在一件事情上琢磨得越多就越容易出錯。

哈謝克（捷克作家）《好兵帥克歷險記》

心有戚戚度○○○

day 255

金錢雖是好佣人，有時卻是壞主人。

培根（英國哲學家）

心有戚戚度○○○

day 256

成語名句

名落孫山：名字落在榜末的孫山之後。指參加選拔未錄取、考試沒有考上。**《過庭錄》**

day 257

人並非為吃而活，而是為活而吃。

蘇格拉底（古希臘哲學家）

心有戚戚度〇〇〇

day 258

成為無聊男子的秘訣是喋喋不休。

伏爾泰（法國哲學家、文學家）

心有戚戚度〇〇〇

day 259

從一粒細砂觀看世界，在一朵野花裡發現天堂。

布萊克（英國畫家詩人）

心有戚戚度〇〇〇

day 260

可以騎馬去，可以坐車去；可以兩個人一起去，可以三個人一起去。然而，最後一步勢必得自己一個人走。

赫塞（德國小說家、詩人）

心有戚戚度〇〇〇

day 261★

菩提本無樹，明鏡亦非台。本來無一物，何處染塵埃。

六祖慧能

心有戚戚度〇〇〇

day 262

人生因我們花費多少努力而有多少價值。

莫利亞克（法國作家）

心有戚戚度〇〇〇

小解說

★ day 252 總是把小恥放在心上的人，會因為負荷不了而無法成就榮耀。因為小恥而心生厭惡的人，是無法成就大功勞的。指不要因為區區小恥而介懷，應該拋下這些瑣事，才能成名成功。

★ day 253 天道運行，有著亙久不變的規律，君子要效法這種精神，自立自強，不要停歇。

★ day 261 菩提原本就沒有樹，明亮的鏡子也不是台。本來就都是虛無，怎麼可能染上什麼塵埃？

novel

紅樓夢★

day 263★

任憑弱水三千，我只取一瓢飲。

心有戚戚度○○○

day 264

從此後，只是各人得各人的眼淚罷了。

心有戚戚度○○○

day 265★

世事洞明皆學問，人情練達即文章。

心有戚戚度○○○

day 266

得意濃時易接濟，受恩深處勝親朋。

心有戚戚度○○○

day 267★

假作真時真亦假，無為有處有還無。

心有戚戚度○○○

小解說

★紅樓夢，原名《石頭記》，是中國著名的長篇章回小說。全書120回，但後40回已經流失。榮國府和寧國府的故事，是這部著作的主要內容。作者曹雪芹筆觸細膩，將各角色描寫得淋漓盡致，是中國文學史上相當受到重視的一部作品。

day 268

成語名句

蘭桂齊芳：蘭桂是對他人子孫的美稱，芳比喻好名聲、美德，指家族興旺、子孫顯達。**《紅樓夢》**

day 269★

心病終需心藥治，解鈴還需繫鈴人。

心有戚戚度○○○

day 270★

萬兩黃金易得，知心一個難求。

心有戚戚度○○○

day 271★

可知世上萬般，好便是了，了便是好；若不了，便不好；若要好，須是了。

心有戚戚度○○○

小解說

★ day 263

弱水長三千里，水雖然很多，但是我只舀其中一瓢來喝。「弱水」指傳說中的河流。在《紅樓夢》中，這段話是林黛玉為了試探賈寶玉對寶釵的情感，後來多將「弱水」比喻為愛情河海。指有意的對象很多，但是只選擇其中之一。用來比喻對愛情的專一。

★ day 265

學問不光是文學修辭，真正的學問是必須融入生活的，就像人生、修養等。所以能洞明世事的皆是學問，能令人情練達的皆是文章。

★ day 267

把假的當作真的，真的就變成假的；把不存在的當成存在的，存在的也就成為不存在的了。

★ day 269

心中有病就必須用治心病的藥物醫治，想解開老虎脖子上的鈴鐺，則必須由綁上鈴鐺的人來解。

★ day 270

黃金萬兩容易獲得，但真正懂自己的知己，卻是一個也難得到。

★ day 271

若想修煉圓滿，便要放棄一切執著，達到空無。達到空無，便能圓滿。若無法放棄一切執著，達不到空、無，如此就無法圓滿。

day 272

必須照自己的想法生活，否則，就會變成照自己的生活方式思考了。

布魯傑（法國作家）

心有戚戚度○○○

day 274

比別人優秀並不高貴，真正高貴的是比過去的自己高貴。

海明威（美國作家、記者）《真正的高貴》

心有戚戚度○○○

day 276

假如有麵包，一般的悲傷尚可忍耐。

塞萬提斯（西班牙作家、劇作家）

心有戚戚度○○○

day 273

假如生活欺騙了你，不要悲傷，不要心急。

普西金（俄國詩人）

心有戚戚度○○○

day 275★

毋意，毋必，毋固，毋我。

孔子（中國儒家創始人）《論語・子罕篇》

心有戚戚度○○○

day 277

覺得自己的生活或其他人的生活都是無意義的人，不僅不幸，根本不值得活下去。

愛因斯坦（猶太裔物理學家）

心有戚戚度○○○

day 278

成語名句

成人之美：幫助、成全他人的好事。**《論語》**

day 279★

驥一日而千里，駑馬十駕，則亦及之矣。

荀子（戰國末年思想家）《荀子》

心有戚戚度○○○

day 280

活在世上要好好吃、喝，快樂，不要杞人憂天。

德國諺語

心有戚戚度○○○

day 281

繪畫時，不是用手，而是用腦。

米開朗基羅（義大利畫家、建築師）

心有戚戚度○○○

day 282

千里搭長棚，沒有個不散的筵席。

曹雪芹（清朝小說家、畫家）《紅樓夢》

心有戚戚度○○○

day 283

我已選擇了一條路，將要終身實行；我要繼續我的事業，任何事都不能加以阻擋。

康德（德國哲學家）

心有戚戚度○○○

day 284

眼淚的存在是為了證明悲傷不是一場幻覺。

羅蘭．巴特（法國文學家、社會學家）《戀人絮語》

心有戚戚度○○○

day 285★

五百年來一大千。

徐悲鴻（現代畫家、美術教育家）

心有戚戚度○○○

小解說

★ day 275
不要臆測未來；不要武斷、偏激；不要固執己見；不要自私。應該保有實事求是的客觀精神。

★ day 279
腳力快的良馬，一天就可以跑上千里，而腳力慢的駑馬，只要能夠持之以恆走上十天，也能趕上良馬一天的行程。比喻只要不斷努力，就有成功的一天。

★ day 285
這是徐悲鴻稱許張大千的話，推崇他在繪畫上是五百年來的第一人。

day 286

我一直相信當你分享時，每件事都會變得更好。

歐普拉（美國脫口秀主持人）《2008 年史丹佛大學畢業生演講》

心有戚戚度○○○

day 287

敦品、勵學、愛國、愛人。

傅斯年（現代歷史學家）

心有戚戚度○○○

day 288

我一直喜歡在雨中行走，那樣就沒人能看到我的眼淚。

卓別林（英國默劇大師）

心有戚戚度○○○

day 289★

橫眉冷對千夫指，俯首甘為孺子牛。

魯迅（現代文學家、思想家）

心有戚戚度○○○

day 290

樂觀的人在災難中看到希望；悲觀的人在希望中看到災難。

英國諺語

心有戚戚度○○○

day 291

假如金錢能帶給人幸福，那只是因為可以在某種程度上提供給人保障而已，幸福是超越金錢之外的東西。

托馬斯・曼（德國作家）《魔山》

心有戚戚度○○○

day 292

成語名句

陽煦山立：像太陽一樣暖和，像高山一樣矗立。比喻人格溫和、品行端正。**《書言故事》**

day 293

錢使沒有報酬便顯得微不足道的事情獲得了尊嚴。

吳爾芙（英國作家）《自己的房間》

心有戚戚度○○○

day 294

學藝之道無它，鍛鍊意志第一。

徐悲鴻（現代畫家、美術教育家）

心有戚戚度○○○

day 295

所謂英雄，就是走自己的路的傢伙。

坂本龍馬（日本明治維新志士）

心有戚戚度○○○

day 296

魅力是女人的力量，正如力量是男人的魅力。

席勒（德國詩人、哲學家）《唐・卡洛斯》

心有戚戚度○○○

day 297★

君子不施其親，不使大臣怨乎不以。故舊無大故則不棄也，無求備於一人。

周公（西周政治家、軍事家、思想家）《論語・微子篇》

心有戚戚度○○○

day 298

沒有比漫無目的地徘徊更令人無法忍受的了。

荷馬史詩《奧德賽》

心有戚戚度○○○

day 299

我們必須接受失望，因為它是有限的，但千萬不可失去希望，因為它是無限的。

馬丁・路德・金（諾貝爾和平獎得主）

心有戚戚度○○○

小解說

★ day 289

如果我認為某件事是對的，即使全世界與我為敵，我也不會撼動。如果遭到小孩的糾正，只要他說的是對的，我也會馬上承認。

★ day 297

君子不會遺棄親人，不使大臣埋怨不用他們。老親友、老同事沒有重大的過失，就不應該捨棄他們，不要專對某個人責求他十全十美。

day 300

人可以傲慢但不虛榮，所謂「傲慢」無非是我們的自我評價，而「虛榮」則是我們希望別人如何評價自己。

珍・奧斯汀（英國文學家）《傲慢與偏見》

心有戚戚度○○○

day 301★

當仁，不讓於師。

孔子（中國儒家創始人）《論語・衛靈公篇》

心有戚戚度○○○

day 302

一天有二十一個小時，剩下三小時是用來沉思的。

傅斯年（現代歷史學家）

心有戚戚度○○○

day 303

我現在正在做的事，都是我一生中最重要的事——不管是在指揮一個世界著名的樂團，還是在剝一個橘子。

托斯卡尼尼（義大利指揮家）

心有戚戚度○○○

day 304

夢想開始於劇本，完結於電影。

喬治・盧卡斯（美國電影導演）

心有戚戚度○○○

day 305

缺乏反省的人生，沒有活著的意義。

柏拉圖（古希臘哲學家）

心有戚戚度○○○

day 306

成語名句

光風霽月：雨過天氣晴朗萬物清明的景象。比喻開闊坦蕩的心胸、磊落的人格。**《豫章集》**

day 307

我並不想要孤獨，
只是不想被人打擾。

奧黛麗・赫本（英國女演員）

心有戚戚度〇〇〇

day 308★

山重水複疑無路，柳暗花明又一村。

陸游（南宋文人）〈遊山西村〉

心有戚戚度〇〇〇

day 309

如果你不打算勇往直前，
那你為何要去？

喬納馬斯（美國美式足球運動員）

心有戚戚度〇〇〇

day 310

每部片都是嘔心瀝血，是當時我最想做的，
那很自然的它就是李安的電影。

李安（台灣電影導演）《2006 年國立台灣藝術大學演講》

心有戚戚度〇〇〇

day 311

人生在世路不只有一條，
還有幾千、幾百、幾萬條。

坂本龍馬（日本明治維新志士）

心有戚戚度〇〇〇

day 312

天才是1%的靈感加99%的汗水，
但那1%的靈感是最重要的，
甚至比99%的汗水都重要。

愛迪生（美國發明家）

心有戚戚度〇〇〇

小解說

★ **day 301**
只要是行仁義的事情，即使是老師在一旁，也不必謙讓，要搶著去做。

★ **day 308**
山巒層疊密佈，流水曲折蜿蜒，前方看似已經沒有去路，但轉了過去又看到一個綠柳成林，繁花盛開，人煙聚集的村莊。比喻事物已到了山窮水盡的地步，卻突然出現了新的好局勢。

Love

愛情 1

day 313

在人的一生中，愛情裡的所有「失敗」都很相像。

羅蘭．巴特（法國文學家、社會學家）

心有戚戚度○○○

day 314

愛情的世界裡，沒有誰對不起誰，只有誰不珍惜誰。

佚名

心有戚戚度○○○

day 315★

情不知所起，一往而深。

湯顯祖（明末戲曲劇作、文學家）〈牡丹亭〉

心有戚戚度○○○

day 316

愛情將什麼加入了慾望裡？是友誼這種無價珍寶。

卡繆（法國小說家、哲學家、戲劇家）

心有戚戚度○○○

day 317

戀愛可不是夢喔！它是真實的。因為喜歡上一個人，你的人生便會因此而改變。

日劇《晝顏——平日下午3點的戀人們》

心有戚戚度○○○

day 318

如果愛，請乾淨地愛，將愛情獻給愛情。

但丁（義大利詩人）《神曲》

心有戚戚度○○○

day 319★

願得一心人，白首不相離。

卓文君（西漢才女）〈白頭吟〉

心有戚戚度○○○

day 320

成語名句

碧海青天：原指奔月後的嫦娥在廣寒宮中，每晚望著如碧海般廣闊的青空，倍感孤寂淒涼。後世以此比喻女性對愛情的態度堅貞。**〈嫦娥〉**

day 321

愛情太短，而遺忘太長。

聶魯達（智利詩人、諾貝爾文學獎得主）

心有戚戚度○○○

day 322

我發誓，五十年後，我還是會像現在一樣愛你。

日劇《101次求婚》

心有戚戚度○○○

day 323★

陌上開花，可緩緩歸矣。

錢鏐（吳越國王）

心有戚戚度○○○

day 324

愛情是一種精神病。

柏拉圖（古希臘哲學家）

心有戚戚度○○○

day 325

聰明的女孩會親吻，但不會讓自己陷入愛情；她們會聆聽，卻不去相信；並在被男人拋棄之前，先行離去。

瑪麗蓮夢露（美國女星）

心有戚戚度○○○

day 326★

曾經滄海難為水，除卻巫山不是雲。

元稹（中唐詩人）〈離思〉

心有戚戚度○○○

day 327

你永遠看不到我最寂寞的時候，因為在看不到你的時候，就是我最寂寞的時候。佚名

心有戚戚度○○○

小解說

★ day 315 這份感情不知何時已經激發起來，而且越來越深。

★ day 319 希望能夠嫁個全心全意對待的丈夫，白頭到老，恩愛永不離。

★ day 323 路上的花已經開了，可以慢慢回來了。每一年的寒食節，吳越王妃戴氏都會回臨安探視雙親，吳越王錢鏐非常思念。有年春天，陌上花已發，可是王妃卻遲遲未歸，思念情深的吳越王捎信說：「陌上花開，可緩緩歸矣。」充分表達內心的無限想念。

★ day 326 曾為浩瀚大海感到震撼，就不再為其他流水感動。除了圍繞巫山的雲霧之外，其他雲霧便不再令我動容。這首作品是元稹寫給亡妻韋叢的作品，句句充分流露出他對妻子的思念之情。

愛情 ❶ *Love*

day 328★

關關雎鳩，在河之洲。
窈窕淑女，君子好逑。
參差荇菜，左右流之。
窈窕淑女，寤寐求之。
求之不得，寤寐思服。
悠哉悠哉，輾轉反側。
參差荇菜，左右采之。
窈窕淑女，琴瑟友之。
參差荇菜，左右芼之。
窈窕淑女，鐘鼓樂之。

《詩經．周南．關雎》

心有戚戚度〇〇〇

小解說

★ day 328

關關對唱的雎鳩，在那河中的小沙洲。
善良美好的姑娘，是男子心目中的好配偶。
長短不齊的水荇菜，在河兩邊左右浮動著。
善良美好的姑娘，是夢寐以求的對象。
追求不到時，無論醒來或夢中，都在思念著她。
思念之深，翻來覆去直到天明。
長短不齊的水荇菜，左採右採。
善良美好的姑娘，想要彈琴鼓瑟去親近她。
長短不齊的水荇菜，左摘右摘。
善良美好的姑娘，想要敲鐘擊鼓使她高興。

day 329★

伯兮朅兮，邦之桀兮。
伯也執殳，為王前驅。
自伯之東，首如飛蓬。
豈無膏沐？誰適為容！
其雨其雨，杲杲出日。
願言思伯，甘心首疾。
焉得諼草？言樹之背。
願言思伯，使我心痗。

《詩經・衛風・伯兮》

心有戚戚度〇〇〇

小解說

★ day 329

我的丈夫高大威風，是國家的英傑。
手持武器，保衛君王。
自從丈夫去了東方，我的頭髮亂如草。
不是沒有洗髮水、膏油，只因他不在身旁，我又該為誰打扮。
希望下一些小雨，偏偏太陽又出來了。
我每天想念丈夫，以致頭痛卻心甘情願。
誰能給我忘憂草，我想把它種在屋子的北邊。
我這般想念我的丈夫，即使得了心病也在所不惜。

day 330

對驕傲的人不需謙遜，對謙遜的人無需驕傲。

傑弗遜（美國第3任總統）

心有戚戚度○○○

day 331

誰能和我一樣用功，他就會和我一樣成功。

莫札特（奧地利音樂家）

心有戚戚度○○○

day 332

不願說理是偏執的人；不會說理是愚笨的人；不敢說理是被奴役的人。

德拉蒙德（蘇格蘭詩人）

心有戚戚度○○○

day 333

每個人的一生都應該給後代留下一些高尚有益的東西。

徐悲鴻（現代畫家、美術教育家）

心有戚戚度○○○

day 334★

輕諾必寡信，多易必多難。

老子（春秋時代思想家）《道德經》

心有戚戚度○○○

day 335

最重要的，還是要拍我想拍的，很真誠地表現我原來想要做的，大家的反應也要注意，但到了某個程度，我就放棄了，我不可能討好他們，我也不需要討好他們。

李安（台灣導演）《2006年國立台灣藝術大學演講》

心有戚戚度○○○

day 336

成語名句

千里鵝毛：比喻雖然是極微薄的禮物，但卻蘊含深厚的情誼。

〈梅聖俞寄銀杏〉

day 337

愛情中的糖漿可以抵消大量的苦液，這就是對愛情的總的褒譽。

濟慈（英國詩人）

心有戚戚度○○○

day 338★

老兵不死，只是逐漸凋零。

美國軍歌

心有戚戚度○○○

day 339

人生好比一盒火柴，小心翼翼的對待則太可笑，但不認真的對待又很危險。

芥川龍之介（日本作家）《侏儒的話》

心有戚戚度○○○

day 340

每個人都有一個極限，當你到達那個極限，發現自己還可以再往前一點，靠你的意志力、你的決心、你的直覺與你的經驗，你就可以飛得又高又遠。

洗拿（巴西籍F1賽車手）

心有戚戚度○○○

day 341

不需要著急。不需要閃耀。不需要做任何人，只要做自己。

吳爾芙（英國作家）

心有戚戚度○○○

day 342

在人生的海上，最快心是獨斷獨航，但最悲慘是回頭無岸。

哥倫布（航海家、探險家）

心有戚戚度○○○

小解說

★ day 334 容易許諾的，通常很少能守信用；將事情看得太容易的，一定會先遇上各種困難。

★ day 338 即便身體逐漸老去，但精神永存。這是麥克阿瑟將軍在國會中發表演說時，從軍歌中引用的話。

day 343

世界上最寬闊的東西是海洋，
比海洋更寬闊的是天空，
而比天空更寬闊的是人的心靈。

雨果（法國作家）《悲慘世界》

心有戚戚度○○○

day 344

心暗時則所遇皆禍，
眼明時則途遇皆寶。

空海大師（日本真言宗創始人）

心有戚戚度○○○

day 345★

欲勝人者必先自勝，
欲論人者必先自論，
欲知人者必先自知。

《呂氏春秋》

心有戚戚度○○○

day 346

每次挫敗都增強我的信心。
因為它們讓我想要做到更多成就來作為報復。
以此證明我是做得到的。

羅曼・波蘭斯基（法國電影導演）

心有戚戚度○○○

day 347

如果安於現狀，
生命就會失去應有的熱情。

曼德拉（南非政治家）

心有戚戚度○○○

day 348★

過猶不及。

孔子（中國儒家創始人）《論語・先進篇》

心有戚戚度○○○

day 349

成語名句

一介不取：連一粒微小的芥菜子都不會拿。形容一個人廉潔，
絕不會隨便拿取不是自己的一錢一物。**《孟子》**

day 350★

吳地桑葉綠，吳蠶已三眠。
我家寄東魯，誰種龜陰田。
春事已不及，江行復茫然。
南風吹歸心，飛墮酒樓前。
樓東一株桃，枝葉拂青煙。
此樹我所種，別來向三年。
桃今與樓齊，我行尚未旋。
嬌女字平陽，摺花倚桃邊。
摺花不見我，淚下如流泉。
小兒名伯禽，與姊亦齊肩。
雙行桃樹下，撫背復誰憐。
念此失次第，肝腸日憂煎。
裂素寫遠意，因之汶陽川。

李白（盛唐詩人）《寄東魯二稚子》

心有戚戚度○○○

day 351

你只能去找出路，
或者自己開創新路。

菲利普・希德尼（英國詩人）

心有戚戚度○○○

day 352

世界以痛吻我，
要我報之以歌。

泰戈爾（印度詩人、諾貝爾文學獎得主）《飛鳥集》

心有戚戚度○○○

小解說

★ day 345

想要戰勝別人，就必須先讓自己沒有缺陷，想要評論別人，就必須先讓自己毫無缺點，想要知道別人，就必須要先知道自己。

★ day 348

事情做得過頭了，就和做得不夠一樣，都是不恰當的，要適得其中。

★ day 350

吳地一片綠桑葉，春蠶已經快要結繭。
我在東魯家鄉的農事，龜山北面的田園，誰會負責耕種呢？
已經趕不上春耕，之後的歸途又遙遙無期。
南風吹著我思念家人的心，瞬間飛到家鄉的酒樓前。
樓東有棵桃樹，枝葉輕拂青煙。
這棵桃樹是我種下的，距今離開家鄉已近三年。
現在桃樹應該長得和樓一樣高了，我卻還不知何時才能歸去。
我的小女自平洋，總在桃樹下摺花。
摺花時看不到我，想念起父親，淚如雨下。
小兒子名伯禽，已經長到姊姊的肩膀高了。
他們雙雙在桃樹下玩耍，誰來撫摩其背，誰來疼惜？
心思煩亂、肝腸憂煎。
只有取出一塊絹素，寫下心中的思念，寄給遠在汶陽川的家人。
這是一首父親思念兒女的詩，字句中充滿對子女的疼惜與愛憐。
李白寫此詩時，他的妻子已經過世，因此讓他更加心疼且思念子女。

people

徐志摩

（詩人、散文家）★

day 353

再美好也經不住遺忘，再悲傷也抵不過時間。

心有戚戚度○○○

day 354

一生至少該有一次，為了某個人而忘了自己，不求有結果，不求同行，不求曾經擁有，甚至不求你愛我，只求在我最美的年華裡，遇到你。

心有戚戚度○○○

day 355

我將於茫茫人海之中訪我唯一靈魂之伴侶。得之，我幸；不得，我命。如此而已。

〈致梁啟超〉

心有戚戚度○○○

day 356

如果時間不可以令你忘記那些不該記住的人，我們失去的歲月又有什麼意義？

心有戚戚度○○○

day 357

愛情與同情，就像沙子和金子，雖然混在一起，但我還是分得很清楚。

心有戚戚度○○○

day 358

成語名句

江雲渭樹：離別之後深濃的思念。**〈春日憶李白〉**

day 359

一切情，不在言語，在心上。

心有戚戚度○○○

day 360

面對，不一定最難過。
孤獨，不一定不快樂。
得到，不一定能長久。
失去，不一定不再擁有。
不要因為寂寞而錯愛，不要因為錯愛而寂寞一生。

心有戚戚度○○○

day 361

讓我花掉一整幅青春，用來尋你。

《迷藏》

心有戚戚度○○○

day 362

數大便是美。

心有戚戚度○○○

day 363

走著走著，就散了，回憶都淡了；
看著看著，就累了，星光也暗了；
聽著聽著，就醒了，開始埋怨了；
回頭發現，你不見了，突然我亂了。

心有戚戚度○○○

day 364

他說愛你的時候，
是無心之過，
別輕易感動。

心有戚戚度○○○

徐志摩（詩人、散文家）★ *people*

day 365

輕輕的我走了，
正如我輕輕的來；
我輕輕的招手，
作別西天的雲彩。
那河畔的金柳，
是夕陽中的新娘；
波光裡的豔影，
在我的心頭蕩漾。
軟泥上的青荇，
油油的在水底招搖；
在康河的柔波裡，
我甘心做一條水草。
那榆蔭下的一潭，
不是清泉，是天上虹，

揉碎在浮藻間，
沉澱著彩虹似的夢。
尋夢？撐一支長篙，
向青草更青處漫溯，
滿載一船星輝，
在星輝斑斕裡放歌。
但我不能放歌，
悄悄是別離的笙簫；
夏蟲也為我沉默，
沉默是今晚的康橋！
悄悄的我走了，
正如我悄悄的來；
我揮一揮衣袖，
不帶走一片雲彩。

〈再別康橋〉

心有戚戚度○○○

小解說

★徐志摩，原名章垿，字又申，詩人兼散文家。生於1897年，在1931年因飛機失事不幸逝世。他的作品融貫中西，既有中國古典文學之美，亦有西方文學的優點，作品繁多，深受世人喜愛。在近代文學史上，是不可多得的才子。

溫柔要有，但不是妥協。我們要在安靜中，不慌不忙的堅強。

這個世界不是缺少美，而是缺少發現。

白 駒 過 隙 ， 將 夢 想 藏 在 裙 子 裏 。

心中事，眼中淚，意中人。

第二＆三年 2nd&3rd Year
撼動人心的名句

人生、立志、學習、光陰、愛情、夢想、友情、挫折……
濃縮名人智慧，忠實呈現多種主題名言

天若有情天亦老。

此心安處是吾鄉。

day 366

生活像是一場童話，
也許你必須做的就是相信。

華特・迪士尼（迪士尼創辦人）

心有戚戚度〇〇〇

day 367

意志與命運往往背道而馳，
但擁有決心最後會全部推倒。

莎士比亞（英國戲劇家、作家）

心有戚戚度〇〇〇

day 368★

何夜無月？何處無竹柏？
但少閑人如吾兩人耳！

蘇軾（北宋文學家）〈記承天夜遊〉

心有戚戚度〇〇〇

day 369

大海之所以偉大，除了它美麗、
壯闊、坦蕩外，還有一種自我淨化的功能。

康德（德國哲學家）

心有戚戚度〇〇〇

day 370★

曲則全。

老子（春秋時代思想家）《道德經》

心有戚戚度〇〇〇

day 371

別做過去的囚犯，
要做建構自己未來的建築師。

羅賓・夏瑪（加拿大作家）

心有戚戚度〇〇〇

day 372

成語名句

此去經年：與故人一別之後就得很多年了，因而感傷未來。

〈雨霖鈴〉

day 373

人生如果是條道路，最近的捷徑通常是最糟的路。

培根（英國哲學家）

心有戚戚度〇〇〇

day 374★

流光容易把人拋，紅了櫻桃，綠了芭蕉。

蔣捷〈一剪梅・舟過吳江〉

心有戚戚度〇〇〇

day 375

我要怎麼做，才能幫他們得到真正的幸福呢？

宮沢賢志（日本詩人、童話作家）《銀河鐵道之夜》

心有戚戚度〇〇〇

day 376

如果一定得當雙面人，那其中一面一定得光鮮亮麗。

瑪麗蓮夢露（美國女星）

心有戚戚度〇〇〇

day 377

我了解到勇氣不是指沒有恐懼，而是要戰勝它。勇敢的人並非不感到害怕，而是去戰勝恐懼。

曼德拉（南非政治家）

心有戚戚度〇〇〇

day 378★

雄雞一聲天下白。

李賀（中唐文人）〈致酒行〉

心有戚戚度〇〇〇

day 379

我所知道的是——我一無所知。

蘇格拉底（古希臘哲學家）

心有戚戚度〇〇〇

小解說

★ day 368

美景雖然常有，只是很少人像我們倆這樣清閒而已！現代人俗務忙碌，即使美景處處，也很少時間能放下俗務欣賞美景。

★ day 370

委屈反而可以保全。勸人知足常樂，不要有過多的慾望和要求。

★ day 374

流逝的光陰容易將人拋在後，轉眼間櫻桃火紅，芭蕉碧綠。作者以櫻桃、芭蕉顏色變化，比喻春光奔也似地消逝，轉眼又到了夏初，感嘆時光飛逝。

★ day 378

好比雄雞高鳴之後世界變成一片光明，希望將來我的人生也能充滿光亮。勸人堅持自己理想往前邁進，必能遇到明霞後的陽光。

day 380

果實的事業是尊貴的，花的事業是甜美的；
但是讓我做葉的事業吧！
葉是謙遜地、專心地垂著綠蔭的。

泰戈爾（印度詩人、諾貝爾文學獎得主）

心有戚戚度○○○

day 381

暴風雨前的寧靜，
是在醞釀接下來發生的事。

邱吉爾（英國前首相）

心有戚戚度○○○

day 382★

人皆養子望聰明，
我被聰明誤一生；
唯願孩兒愚且魯，
無災無難到公卿。

蘇軾（北宋文學家）〈洗兒戲作〉

心有戚戚度○○○

day 383

力量不是源於身體的能力，
而是源於不屈不撓的意志。

甘地（印度政治家）

心有戚戚度○○○

day 384

溫柔要有，但不是妥協。
我們要在安靜中，不慌不忙地堅強。

林徽因（作家、藝術家）

心有戚戚度○○○

day 385

善良是歷史中稀有的珍珠，
善良的人幾乎優於偉大的人。

雨果（法國作家）

心有戚戚度○○○

day 386

成語名句

莊周夢蝶：不知道是莊周夢中變成了蝴蝶，還是蝴蝶夢中變成了莊周。比喻人生變幻無常。**《莊子》**

day 387

聰明人說話，是因為有話要說；蠢人說話，則是因為要說些話。

柏拉圖（古希臘哲學家）

心有戚戚度○○○

day 389

意志堅強的人能將世界放在手中像黏土一樣任意揉捏。

歌德（德國小說家、劇作家）

心有戚戚度○○○

day 391

未經琢磨的鑽石沒有人喜歡，而且戴了也沒有好處。但是只要經過琢磨，加以鑲嵌，便生出光彩。美德是精神上的一種寶藏，但是使它們生出光彩的，是良好的禮儀。

洛克（英國哲學家）

心有戚戚度○○○

day 388★

世事紛紛一局棋，輸贏未定兩爭持。

馮夢龍（明朝文學家、戲曲家）《醒世恆言》

心有戚戚度○○○

day 390★

醉翁之意不在酒，在乎山水之間。

歐陽修（北宋文學家、史學家）〈醉翁亭記〉

心有戚戚度○○○

day 392

如果你夢想得到，你就做得到。

華特・迪士尼（迪士尼創辦人）

心有戚戚度○○○

小解說

★ day 382
這是老來得子的蘇軾為初生兒子所寫的。他感嘆為人父母生養兒女最大的願望，就是希望他們擁有聰明才智，然而他卻被聰明才智誤了一生，現在只希望子女愚直、率真，能安穩當個小小的公卿大夫，足以養家活口。

★ day 388
世間的事就有如一局棋，輸贏未定局之前，雙方互相競爭。

★ day 390
醉翁真正的心思不在酒上，而是在優美的山水之間。

youth

青春

day 393

青春的特徵是動不動就要背叛自己，就算身旁沒有誘惑的力量。

莎士比亞（英國戲劇家、作家）

心有戚戚度○○○

day 394

啊！青春！一輩子只有一次。剩餘的歲月只能用來回憶。

紀德（法國作家）

心有戚戚度○○○

day 395★

百金買駿馬，千金買美人，萬金買高爵，何處買青春？

屈復（清朝詩人）〈偶然作〉

心有戚戚度○○○

day 396

青春是美妙的，揮霍青春就是犯罪。

蕭伯納（愛爾蘭劇作家）

心有戚戚度○○○

day 397

太陽下山明朝依舊爬上來
花兒謝了明年還是一樣地開
我的青春一去無影蹤
我的青春小鳥一去不回來
我的青春小鳥一去不回來
別的那樣喲　別的那樣喲
我的青春小鳥一去不回來

新疆民謠《青春舞曲》

心有戚戚度○○○

day 398

成語名句

錦瑟華年：指美好的青春年少。**〈錦瑟〉**

day 399

青春是多麼可愛的一個名詞！
自古以來的人都讚美它，希望它長在人間。

豐子愷（清末民初藝術家、文學家）

心有戚戚度○○○

day 400

百日莫空過，青春不再來。

拜倫（英國詩人）

心有戚戚度○○○

day 401

歲月如流水，不斷逝去卻又源源而來，
唯有青春一去不復返。

易卜生（挪威劇作家）

心有戚戚度○○○

day 402

青春，如同一場盛大而華麗的戲，
我們有著不同的假面，
扮演著不同的角色，
演繹著不同的經歷，
卻有著相同的悲哀。

徐志摩（現代詩人、散文家）

心有戚戚度○○○

day 403★

青春豈不惜，行樂非所欲。

文天祥（南宋文人）〈山中感興三首〉

心有戚戚度○○○

day 404

青春像隻唱著歌的鳥兒，已從殘冬窗裡闖出來，
駛放寶藍的穹窿裡去了。

聞一多（現代詩人）

心有戚戚度○○○

小解說

★ **day 395** 用百金買好馬，用千金買美人，用萬金買高官的官位，但是要去哪裡買青春呢？勸勉人們珍惜美好的青春。

★ **day 403** 我並非不愛惜青春，但行樂並不是我想要的。

day 405

世上唯一的好是知識，
而唯一的惡是無知。

柏拉圖（古希臘哲學家）

心有戚戚度○○○

day 406

誓言能否兌現，
必須視發誓的目的；
不是任何目的都能兌現誓言。

培根（英國哲學家）

心有戚戚度○○○

day 407★

此心安處是吾鄉。

蘇軾（北宋文學家）〈定風波〉

心有戚戚度○○○

day 408

永遠不放棄嘗試，記得相信自己，
如果你不這麼做，沒人會相信你。
抬起頭和下巴，微笑是最重要的，
人生是件美好的事，太多事情值得你微笑。

瑪麗蓮夢露（美國女星）

心有戚戚度○○○

day 409

不要輸給雨
不要輸給風
也不要輸給冰雪和夏日的炙熱
保持健康的身體
沒有貪念
絕對不要生氣
總是沉靜的微笑

宮沢賢志（日本詩人、童話作家）

心有戚戚度○○○

day 410

成語名句

詠絮之才：晉代才女謝道韞以「未若柳絮因風起」比擬雪花飛舞的樣子，後用以稱讚有文才的女子。亦作詠雪之才。**《晉書》**

day 411

沉默是一種哲學。用得好時，又是一種藝術。

朱自清（中國現代詩人、散文家）

心有戚戚度○○○

day 412

這個世界不是缺少美，而是缺少發現。

羅丹（法國藝術家）

心有戚戚度○○○

day 413★

往前走吧！應有的東西將來會有的，我想將來是美好的。

亞森・羅蘋（怪盜紳士）

心有戚戚度○○○

day 414★

世間無限丹青手，一片傷心畫不成。

高蟾（唐代文人）〈金陵晚望〉

心有戚戚度○○○

day 415

唯有永遠躺在泥裡的人，才不會再掉進泥裡。

黑格爾（德國哲學家）

心有戚戚度○○○

day 416

所有的賭徒，都為了獲得不確實的東西，而賭下確實的東西。

巴斯噶（法國哲學家、數學家）

心有戚戚度○○○

小解說

★ day 407 只要是坦然之心的地方，便是我的家鄉。

★ day 413 怪盜亞森・羅蘋一系列故事，是由法國作家莫里斯・盧布朗所寫。在他的筆下，亞森・羅蘋是一個精於易容、聰明大膽、劫富濟貧的怪盜紳士。

★ day 414 即便世上有再多高明的畫家，也無法將我此刻滿懷傷心愁緒畫出來。風景易畫，但心卻難以畫呈現。

day 417

我不是雅典人，也不是希臘人，我是世界的公民。

蘇格拉底（古希臘哲學家）

心有戚戚度○○○

day 418★

尺有所短，寸有所長。

《楚辭・卜居》

心有戚戚度○○○

day 419★

各花入各眼。

俗語

心有戚戚度○○○

day 420

假如這個世界是非常舒服的，天國就不會被認為是最高理想吧！

羅伯・布朗寧（英國詩人）

心有戚戚度○○○

day 421★

最是人間留不住，朱頻辭鏡花辭樹。

王國維（清末民初文學家）〈蝶戀花〉

心有戚戚度○○○

day 422

制服給人安心與尊嚴，而一切所謂服裝多多少少是制服。

亞蘭（法國哲學家）

心有戚戚度○○○

day 423

成語名句

李代桃僵：比喻兄弟間互相愛護，互相幫助。後用以比喻以此代彼或代人受過。**〈雞鳴〉**

day 424

勇氣是能站起來侃侃而談。
勇氣也是能坐下來靜靜傾聽。

邱吉爾（英國前首相）

心有戚戚度○○○

day 425

名譽是表現在外的良心；
良心是隱藏在內的名譽。

叔本華（德國哲學家）

心有戚戚度○○○

day 426★

多言數窮，不如守中。

老子（春秋時代思想家）《道德經》

心有戚戚度○○○

day 427

對我來說，最好不要去想個人風格。一想到個人風格，所謂知識障、心魔就產生，個人的東西反而發揮不出來。我誠心地講，風格是讓那些沒有風格的人去擔心的。

李安（台灣導演）《2006 年國立台灣藝術大學演講》

心有戚戚度○○○

day 428★

逆風如解意，容易莫摧殘。

崔道融（唐朝詩人）《梅花》

心有戚戚度○○○

小解說

★ day 418
尺雖然比寸長，但和比尺更長的東西相比，就顯得短了；寸比尺短，但和比寸更短的東西相較，就顯得長了。比喻人各有所長所短，各有可取之處。

★ day 419
每個人審美觀不同，喜歡的也不盡相同，沒有絕對的美醜。

★ day 421
最主要是無法在人間留住，美麗的容顏會從鏡子裡漸漸消失、漂亮的花也會凋零，離開樹幹。

★ day 426
芸芸眾生總是能言善道，自以為是，結果反而遠離大道。不如清靜無為，謹守中庸之道。

★ day 428
北風若能理解梅花的心意，就請不要再摧殘她了。這兩句詞有用在電視劇《後宮甄嬛傳》，用來比喻主角甄嬛品行如梅花孤傲、清雅。

work hard

努力

day 429

成績和辛勤勞動是成正比例的，有一分勞動就有一分收穫，日積月累，從少到多，奇蹟就可以創造出來。

魯迅（現代文學家、思想家）

心有戚戚度○○○

day 430

奇蹟可以創造，但是只能藉由汗水。

喬瓦尼·艾涅里（義大利工業家）

心有戚戚度○○○

day 431★

人一能之，己百之；人十能之，己千之。

《禮記·中庸》

心有戚戚度○○○

day 432

凡事勤則易，凡事惰則難。

富蘭克林（美國發明家、政治家）

心有戚戚度○○○

day 433

人生因我們花費多少努力而有多少價值。

莫利亞克（法國作家）

心有戚戚度○○○

day 434

年輕時我發現，我所完成的十件裡有九件失敗，所以我增加十倍的努力。

蕭伯納（愛爾蘭劇作家）

心有戚戚度○○○

day 435

成語名句

韋編三絕：本指孔子勤讀《易》，致使編竹簡的皮繩多次斷裂。後用以比喻讀書勤奮努力。**《史記》**

day 436

腳踏實地地努力，就等於成功了一半。

洪堡（德國政治家）

心有戚戚度○○○

day 437

事業或學業的勝利在於發憤努力，勤勉進取。太貪玩、放鬆便會一事無成；滿足存在努力裡，不在成就裡。完全的努力就是完全的勝利。**甘地**（印度政治家）

心有戚戚度○○○

day 438★

人生在勤，不索何獲。

張衡（東漢天文學家）

心有戚戚度○○○

day 439

據我長期的觀察，大多數人是在別人浪費時間時超越他們。

亨利・福特（福特汽車創辦人、美國工業家）

心有戚戚度○○○

day 440

若我今日很努力地學習、過得充實，夜晚我將睡得很安穩；若我一生都很努力、充實過日，我將能安穩長眠。

達文西（義大利文藝復興時期的全才）

心有戚戚度○○○

day 441★

業精於勤，荒於嬉。

韓愈（中唐文學家、古文家）〈進學解〉

心有戚戚度○○○

day 442

智慧源於勤奮，偉大出自平凡。

諺語

心有戚戚度○○○

小解說

★ **day 431** 別人一次就做好的，我要做一百次；別人十次就學成的，我要學一千次。只要多次努力，還是可以做好或學會。

★ **day 438** 人生最重要的是勤奮，不去勞動，哪來的收獲？

★ **day 441** 學業因努力勤奮而專精，因玩耍而荒廢。

day 443

想要世界變成什麼，你先要變成什麼。
這才是你能帶來的改變。

甘地（印度政治家）

心有戚戚度○○○

day 444

不要努力成為一個成功者，
要努力成為一個有價值的人。

愛因斯坦（猶太裔物理學家）

心有戚戚度○○○

day 445

若是避免不了，那就忍受。
不能忍受生命中註定要忍受的事，
是軟弱與愚蠢的表現。

夏綠蒂・勃朗特（英國作家）《簡愛》

心有戚戚度○○○

day 446★

天若有情天亦老

李賀（中唐文人）〈金銅仙人辭漢歌〉

心有戚戚度○○○

day 447

與其說「知識就是力量」，
不如說知識就是幸福。

海倫・凱勒（美國教育家、盲聾女作家）《假如給我三天光明》

心有戚戚度○○○

day 448

禮貌周全不會花半毛錢，
卻比什麼都值錢。

塞萬提斯（西班牙小說家、劇作家）

心有戚戚度○○○

day 449

成語名句

持盈保泰：處高位而能保守成業，平安無事。**《抱朴子外篇》**

day 450

不完美是美的，而瘋狂是一種才能，處於一種荒誕的狀態，總比無聊等死得好。

瑪麗蓮夢露（美國女星）

心有戚戚度○○○

day 451

對一個人的評價，不是看他的財富出身，更不是學問的高下，而是要看他真實的品格。

培根（英國哲學家）

心有戚戚度○○○

day 452★

貴其所長，忘其所短。

陳壽（西晉史學家）《三國志》

心有戚戚度○○○

day 453★

人生到處知何似，應似飛鴻踏雪泥。

蘇軾（北宋文學家）〈和子由澠池懷舊〉

心有戚戚度○○○

day 454

冬天已經到來，春天還會遠嗎？

雪萊（英國詩人）〈西風頌〉

心有戚戚度○○○

day 455

問題不在於他學到的是什麼樣的知識，而在於他所學的知識要有用處。

盧梭（法國思想家、哲學家）《愛彌兒》

心有戚戚度○○○

小解說

★ day 446 老天若是有感情的話，也會和凡人一樣歷經起落、悲歡感慨而衰老。

★ day 452 對待他人要看他的優點，忘掉他的缺點。

★ day 453 人生四處忙碌，留下的痕跡像什麼？應該就像是鴻雁踏在雪泥上留下的爪印吧！這是作者對人生的感慨。

day 456

崎嶇不平的道路將通往偉大崇高之地。

塞內卡（古羅馬哲學家、政治家）

心有戚戚度○○○

day 457

白駒過隙，將夢想藏在裙子裡。

泰戈爾（印度詩人、諾貝爾文學獎得主）《園丁集》

心有戚戚度○○○

day 458★

良言一句三冬暖，惡語傷人六月寒。

諺語

心有戚戚度○○○

day 459

朋友們，在你最悲觀最失望的時候，那正是你必須鼓起堅強的信心的時候。你要深信：天下沒有白費的努力。成功不必在我，而功力必不唐捐。

塞內卡（古羅馬哲學家、政治家）

心有戚戚度○○○

day 460★

小荷才露尖尖角，早有蜻蜓立上頭。

楊萬里（南宋詩人）〈小池〉

心有戚戚度○○○

day 461

重要的是，你必須對自己忠實。

莎士比亞（英國戲劇家、作家）《哈姆雷特》

心有戚戚度○○○

day 462

成語名句

初生之犢：指才出生的小牛。比喻單純、勇猛的年輕人，遇事不怕難，無懼惡勢力。**《莊子》**

day 463

一般都認為幸福存在於閒暇。不管怎麼說，我們為爭取閒暇而工作，為生活在和平環境而戰爭。

亞里斯多德（古希臘哲學家）

心有戚戚度〇〇〇

day 465★

觀功念恩

日常法師（福智文化創辦者）

心有戚戚度〇〇〇

day 467

給別人自由和維護自己的自由，兩者同樣是崇高的事業。

林肯（美國第16任總統）

心有戚戚度〇〇〇

day 464

即使今天下了雨，但只要明天放晴，土地馬上就會乾。人生不也是這樣嗎？

竹久夢二（日本畫家、詩人）

心有戚戚度〇〇〇

day 466★

行路難，不在水不在山，只在人情反覆間。

白居易（中唐詩人）〈太行路〉

心有戚戚度〇〇〇

day 468

要評判美，就要有一顆有修養的心靈。

康德（德國哲學家）

心有戚戚度〇〇〇

小解說

★ day 458
對別人講句好話，即使是在寒冷的冬天，都能讓人感到溫暖；但若是對別人惡言相向，即使是在炎熱的夏季，也會讓人感到心寒。

★ day 460
嬌嫩的荷葉嫩尖剛剛露出水面，早有小蜻蜓立在上面。描寫自然生動的景色。另也有人解釋為新人才出社會，即獲得伯樂賞識。

★ day 465
以美的眼睛，看他人優點。既可生起珍惜對方的心，並讓自己不煩惱。

★ day 466
世上行路艱難險惡，並非因為山和水，難處理的是人心變化、反覆難測。比喻處世不易。

people

李白

（盛唐詩人）★

day 469 ★

相思相見知何日？此時此夜難為情。

〈三五七言〉

心有戚戚度○○○

day 470 ★

世間行樂亦如此，古來萬事東流水。

〈夢遊天姥吟留別〉

心有戚戚度○○○

day 471 ★

浮生若夢，為歡幾何。

〈春夜宴從弟桃李園序〉

心有戚戚度○○○

day 472 ★

兩人對酌山花開，一杯一杯復一杯。

〈山中與幽人對酌〉

心有戚戚度○○○

小解說

★李白（701～762年），字太白，號青蓮居士，唐朝詩人。有「詩仙」、「詩俠」、「酒仙」等稱呼，是盛唐最傑出的詩人，也是中國歷史最偉大的浪漫主義詩人。與杜甫合稱「李杜」。

day 473

成語名句

鐵杵磨針：將很粗的鐵杵磨成極細的繡花針。指凡事只要持之以恆，必能成功。**《潛確類書》**

day 474★

君不見
黃河之水天上來，奔流到海不復回？
君不見
高堂明鏡悲白髮，朝如青絲暮成雪？
人生得意須盡歡，莫使金樽空對月。
天生我材必有用，千金散盡還復來。
烹羊宰牛且為樂，會須一飲三百杯。
岑夫子，丹丘生，
將進酒，君莫停。
與君歌一曲，請君為我側耳聽。
鐘鼓饌玉不足貴，但願長醉不願醒。
古來聖賢皆寂寞，惟有飲者留其名。
陳王昔時宴平樂，斗酒十千恣歡謔。
主人何為言少錢，徑須沽取對君酌。
五花馬，千金裘，
呼兒將出換美酒，與爾同銷萬古愁！

〈將進酒〉

心有戚戚度○○○

小解說

★ day 469
想當日彼此相愛相聚，分開後卻不知哪天能再見？此時此夜，這種情緒讓人感到鬱悶。

★ day 470
人世間的歡樂就像如此夢境，自古以來，萬事都像東流的水，一去不復返。李白寫此詩的重要點悟，是意識到人間一切如夢似幻，萬事如流水一去不返，因此他決定捨棄世俗，走上後來的出塵之路。

★ day 471
人生就如同短暫虛幻的夢境，開心的日子又有多少呢？也有人說有「勸人把握當下的時光，及時行樂」的意思。

★ day 472
我倆身處山花盛開的優美之景，忍不住相對一杯接著一杯喝。

★ day 474
你難道沒看見，黃河滔滔洶湧的洪流從天傾瀉而下，直奔入海，永遠不再回頭？
你難道沒看見，高堂明鏡裡的白髮令人悲嘆，早上還滿頭烏黑的髮絲，傍晚變成了雪一樣的白髮？
人生稱心如意時，就應該盡情歡樂，別讓金色酒杯空對著明月。
上天賦予我才華，必讓我有大展長才的機會，即便千兩萬兩黃金用完，仍失而可得。
烹宰整頭牛羊後盡情享樂，今天我們一定要喝個三百杯。
岑勳老夫子，丹丘老友，
送上美酒一杯杯，你們千萬別停呀。
我來為你們唱一首歌，請你們細細聽來。
那些榮華富貴並不值得我苦苦追尋，我情願能永遠沉醉而不清醒。
自古以來聖賢人物都是孤獨寂寞，只有寄情於酒者能留下名聲。
陳王曹植當年，在平樂觀中大擺筵席，痛飲名酒，恣意歡樂嬉戲以忘憂。
主人呀，你為何說缺銀錢花用？快去把酒買回讓我們喝個夠。
將這五花毛色的寶馬、價值千金的皮裘，叫你的孩兒都拿去換酒來，
我要和你一起喝著酒，消解這滿腔無窮盡的憤怒和憂愁。

day 475

生命本沒有意義，你要能給它什麼意義，他就有什麼意義。與其終日冥想人生有何意義，不如試用此生做點有意義的事。

胡適（現代學者、詩人）

心有戚戚度〇〇〇

day 476

智慧婦人建立家室，愚妄婦人親手拆毀。

《聖經》〈箴言14〉

心有戚戚度〇〇〇

day 477★

心中事，眼中淚，意中人。

張先（北宋詞人）〈行香子〉

心有戚戚度〇〇〇

day 478

人才出於教育。

康有為（清末政治家、思想家、教育家）

心有戚戚度〇〇〇

day 479

婚姻，不就像是米嗎？剛收成的新米不論怎麼煮都很好吃，不過時間一久，就變得粗硬乾巴巴的。所以，煮米的方法很重要，必須動動腦筋認真籌劃。如果不用心的話，米飯就不會可口，因此更需費點工夫烹煮。假使對方是你樂於費心烹煮的人，那婚姻便能順暢，不是嗎？

日劇《多謝款待》

心有戚戚度〇〇〇

day 480

成語名句

石破天驚：原本用來形容箜篌（古樂器）的聲音忽而高亢忽而低沉，出人意外，有不可名狀的奇境。現多用來比喻文章或事情新奇驚人。

《昌谷集》

day 481

不具該年齡應有之智慧者，具有該年齡應有之一切痛苦。

伏爾泰（法國哲學家、文學家）

心有戚戚度○○○

day 482

凡職業都是有趣的，只要你肯繼續做下去，趣味自然會發生。

梁啟超（現代思想家、教育家）〈敬業與樂業〉

心有戚戚度○○○

day 483

不要為贏得的戰役而活，不要為歌曲的結尾而活，要為當下而活。

歐普拉（美國脫口秀主持人）

心有戚戚度○○○

day 484★

人間有味是清歡

蘇軾〈浣溪紗・元豐七年十二月二十四日從泗州劉倩叔遊南山〉

心有戚戚度○○○

day 485

忠於年少輕狂時的夢想。

席勒（德國詩人）

心有戚戚度○○○

day 486★

是食言多矣，能無肥乎？

《左傳》

心有戚戚度○○○

day 487

如果人生面對的最大苦難只是死亡，那還有什麼可以害怕的呢？人生中沒有解決不了的事，也沒有無法面對的事。

電影《新不了情》

心有戚戚度○○○

小解說

★ day 477
滿懷心事，暗自垂淚，盼望等待意中人。

★ day 484
人間的好味道便在這些清新美好、生活中令人感到淡淡的歡愉事物中。

★ day 486
都把說出口的話吃下去了，能夠不胖嗎？此句為魯哀公譏刺孟武伯時常失信之語。後用以指人說話沒有信用。

day 488

借錢給人的人失去兩種東西：友誼和金錢。

法國諺語

心有戚戚度○○○

day 489

你永遠不會老到不能再設一個新的目標，或是擁有一個新的夢想。

路易斯（愛爾蘭小說家）

心有戚戚度○○○

day 490

做不可能的事是一種樂趣。

華特・迪士尼（迪士尼創辦人）

心有戚戚度○○○

day 491★

此鳥不飛則已，一飛衝天；不鳴則已，一鳴驚人。

司馬遷（西漢史學家、文學家）《史記・滑稽列傳》

心有戚戚度○○○

day 492

懶鬼起來吧！別再浪費生命，將來墳墓裡有足夠的時間讓你睡的。

富蘭克林（美國發明家、政治家）

心有戚戚度○○○

day 493

我們都應該在變老之前好好活一場，恐懼太過愚蠢，後悔也是。

瑪麗蓮夢露（美國女星）

心有戚戚度○○○

day 494

成語名句

用於祝賀男女結婚的婚嫁賀辭。**《詩經》**

day 495

死亡是我們無法擺脫的，每個人都有自己的死。

卡繆（法國小說家、哲學家、戲劇家）

心有戚戚度○○○

day 496★

瘦青蛙，別輸呀，這裡有我一茶！

小林一茶（日本俳句詩人）

心有戚戚度○○○

day 497★

前事不忘，後世之師。

《戰國策．趙策》

心有戚戚度○○○

day 498

有幾分證據，說幾分話；有七分證據，不能說八分話。

胡適（現代學者、詩人）

心有戚戚度○○○

day 499

一個人不開心，比兩個人卻感覺不幸福來得好。

瑪麗蓮夢露（美國女星）

心有戚戚度○○○

day 500

孩子們需要母親的愛撫，猶如幼苗需要陽光和雨露。對一個母親來說，她應該經常把孩子放在第一位。因為孩子們對母親有著非常特殊的依賴。對我來說，重要的是如何處理好我所負責的公職，和我對家庭、孩子應盡的義務這兩者之間的關係。

甘地夫人

心有戚戚度○○○

小解說

★ day 491 這隻鳥兒不飛則罷，一旦展翅飛翔則直入雲霄。比喻平日無特殊表現，一下做出了驚人好成績。

★ day 496 青蛙們正在吵架。一茶：「瘦青蛙加油啊！千萬別輸了，我（一茶）在這兒呀！」

★ day 497 記取之前的經驗教訓，可當作今後行事的依據。

世人都曉神仙好 惟有功名忘不了
古今將相在何方 荒塚一堆草沒了
世人都曉神仙好 只有金銀忘不了
終朝只恨聚無多 及到多時眼閉了
世人都曉神仙好 只有姣妻忘不了
君生日日說恩情 君死又隨人去了
世人都曉神仙好 只有兒孫忘不了
癡心父母古來多 孝順兒孫誰見了

一 曹雪芹《紅樓夢》〈好了歌〉

丹硯抄 丙申孟春

一字一句

一筆箋

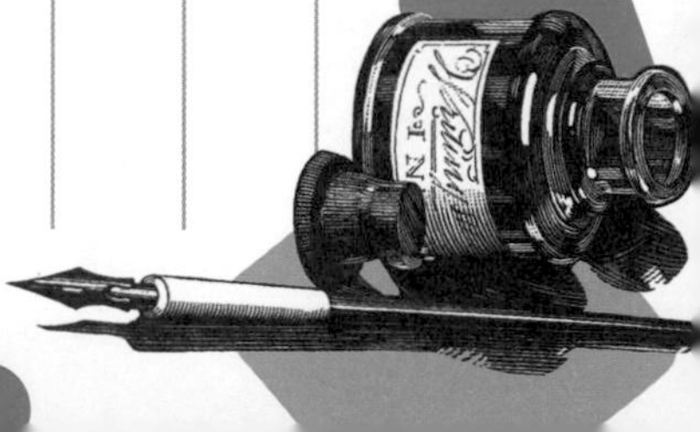

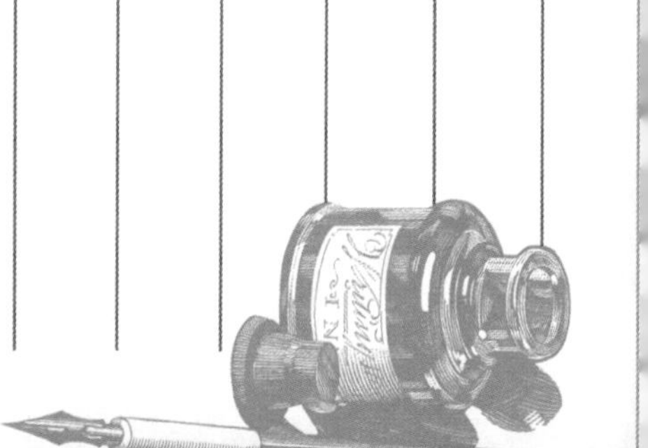

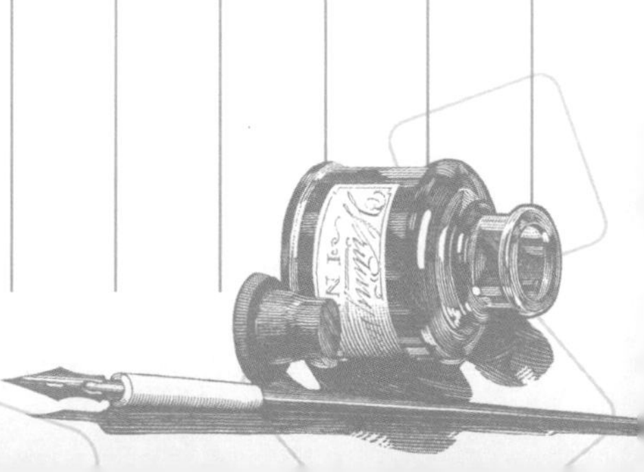

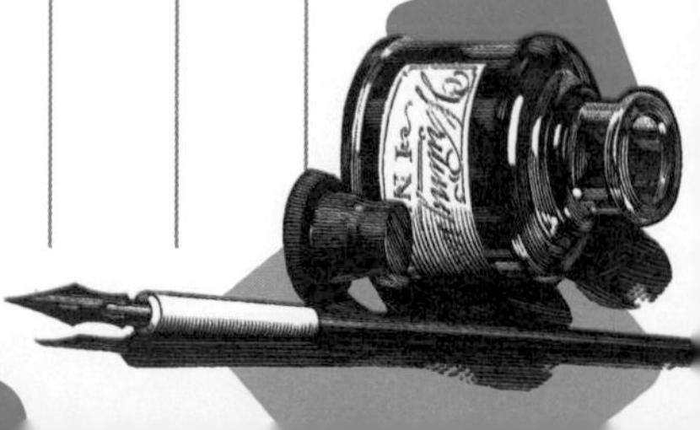

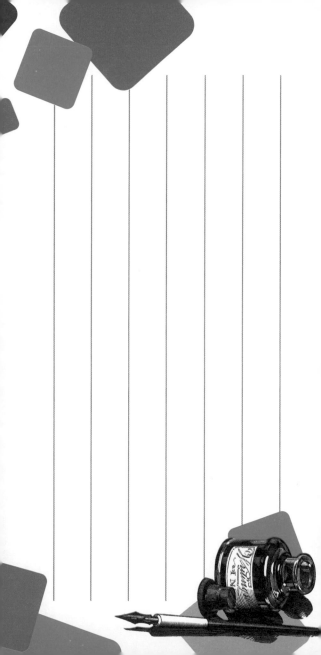

本箋條內頁使用淺米色 80g.歐規紙
。適合鋼筆及各式硬筆書寫。
http://redbook. com.tw/
Red Publishing Co., Ltd.

day 502★

昔日寒山問拾得曰：世間謗我、欺我、辱我、笑我、輕我、賤我、惡我、騙我，如何處治乎？拾得云：只是忍他、讓他、由他、避他、耐他、敬他、不要理他、再待幾年你且看他。

寒山、拾得（二人皆唐朝詩僧）〈忍耐歌〉

心有戚戚度〇〇〇

小解說

★ day 501

世人都知道當神仙的好，但都忘不了名利，
古代將軍宰相如今在哪兒？都成了一座座雜草蔓生的荒墳。
世人都知道當神仙的好，但都忘不了金銀財寶，
整天恨著一生積攢錢財不多，等存夠了又已經眼閉了。
世人都知道當神仙的好，但都忘不了家中的妻子，
還活著時日日訴說濃情愛意，但你剛一閉眼她便馬上改嫁了。
世人都知道當神仙的好，但都忘不了自己的子女，
自古以來可憐天下父母為了子女辛勤工作，
但長大後真正能孝順父母的兒孫有幾個？

★ day 502

寒山問拾得：「如果世間有人無端誹謗我、欺負我、侮辱我、恥笑我、輕視我、鄙賤我、厭惡我、欺騙我，我該如何做才好？」
拾得回答說：「你不妨忍著他、謙讓他、任由他、避開他、耐煩他、尊敬他、不要理會他，再過幾年，你且看他。」
寒山是唐太宗貞觀時期的僧侶，能作詩，隱居於浙江天台山的寒巖洞（寒山）。因姓氏、法號不詳，人稱「寒山」，又稱「寒山子」或「貧子」。拾得本是棄兒，國清寺豐干禪師外出拾回，故稱「拾得」，後來出家，成為國清寺的和尚，掌管食堂香燈。

family

家庭

day 503

家是世界上唯一隱藏人類缺點與失敗的地方，它同時隱藏著甜蜜的愛。

但丁（義大利詩人）

心有戚戚度○○○

day 504

倦鳥知返，家是每個人的避風港。

日劇《阿信》

心有戚戚度○○○

day 505

家是唯一隱藏失敗與缺點之處，但同時也擁有甜蜜與愛。

喬治．蕭伯納（英國劇作家）

心有戚戚度○○○

day 506★

家門和順，雖饔飧不繼，亦有餘歡。

朱柏廬（明末清初文人）《朱子治家格言》

心有戚戚度○○○

day 507

家是一個名字，一個非常強大的字彙。比強大魔法中，巫師說過，神靈回答過的字眼，都更加強大。

狄更斯（英國作家）《雙城記》

心有戚戚度○○○

day 508

成語名句

家道從容：因家境優裕而生活舒適。**《初刻拍案驚奇》**

day 509

幸福的家庭都是相似的，不幸福的家庭則有各的不幸。

托爾斯泰（俄國小說家、哲學家）《安娜・卡列尼娜》

心有戚戚度〇〇〇

day 510

家族的人互相連繫在一起，才真正是這個人世唯一的幸福。

居禮夫人（法國物理學家）

心有戚戚度〇〇〇

day 511

家庭生活的樂趣，是抵抗壞風氣毒害的最好良劑。

盧梭（法國思想家、哲學家）

心有戚戚度〇〇〇

day 512★

胡馬依北風，越鳥巢南枝。

《古詩十九首》

心有戚戚度〇〇〇

day 513

一個勤勞的家庭，飢餓將過其門而不入。

富蘭克林（美國發明家、政治家）

心有戚戚度〇〇〇

day 514

我寧願用一小杯真善美來組織一個美滿的家庭，不願用幾大船家具組織一個索然無味的家庭。

海涅（德國詩人）

心有戚戚度〇〇〇

day 515

無論是國王還是農夫，家庭和睦是最幸福的。

歌德（德國作家、思想家）

心有戚戚度〇〇〇

day 516

樹欲靜而風不止，子欲養而親不待。

韓嬰（西漢經學家）《韓詩外傳》

心有戚戚度〇〇〇

小解說

★ day 506

家人之間相處能和氣平順，即使三餐不繼、吃不飽，也能開朗面對困境，心安歡喜。

★ day 512

北地的馬到了南方，仍舊依戀北風。南方的鳥往北飛，依舊向南的枝上築巢。比喻思念故鄉或不忘本。

day 517

心靈真正的平靜，來自於不計褒貶。

湯瑪士・肯比斯（德國神學家）

心有戚戚度○○○

day 518

如果我們有勇氣去追求，我們所有的夢想都可以成為現實。

華特・迪士尼（迪士尼創辦人）

心有戚戚度○○○

day 519

也想不相思，可免相思苦。幾次細思量，情願相思苦。

胡適（現代學者、詩人）〈調寄生查子〉

心有戚戚度○○○

day 520★

不能勝寸心，安能勝蒼窮？

龔自珍（清朝文學家、思想家）

心有戚戚度○○○

day 521

寂寞和不被需要的感覺是最悲慘的貧窮。

德蕾莎修女（天主教慈善工作者、諾貝爾和平獎得主）

心有戚戚度○○○

day 522

在我21歲時，
我的期望值變成了零。
自那以後，
一切都變成了額外津貼。

史蒂芬・霍金（英國物理學家）

心有戚戚度○○○

day 523

成語名句

風起雲湧：颳大風，烏雲湧現。比喻事物迅速發展，聲勢浩大。**〈後赤壁賦〉**

day 524

女人最可悲的不是年華老去，而是在婚姻和平淡生活中的自我迷失。女人可以衰老，但一定要優雅到死，不能讓婚姻將女人消磨地失去光澤。

蘇菲・瑪索（法國演員）

心有戚戚度〇〇〇

day 526★

情人眼裡出西施

翟灝（清朝文人）《能人編・婦女》

心有戚戚度〇〇〇

小解說

★ day 520
如果無法戰勝自我，又怎麼能勝過廣大無盡的天空？人必須先修養自身，才能妥善處理外在的事物。

★ day 526
西施是中國四大美女之一。此句是比喻當一個人愛上另一個人時，眼中見到對方的一切都是美好的。

day 525

一個人最危險的敵人是他自己的口舌。

馬克吐溫（美國作家）

心有戚戚度〇〇〇

day 527★

莫聽穿林打葉聲，何妨吟嘯且徐行。竹杖芒鞋輕勝馬，誰怕？一簑煙雨任平生。料峭春風吹酒醒，微冷，山頭斜照卻相迎。回首向來蕭瑟處，歸去，也無風雨也無晴。

蘇軾（北宋文學家）〈定風波〉

心有戚戚度〇〇〇

★ day 527
別去管爆雨穿過樹林打在樹葉上的聲音，何妨一邊吟詩長嘯，一邊漫步行走。手拄竹杖，腳穿草鞋，比起帶著隨從騎著馬可是輕便多了，那風風雨雨還有什麼可怕呢？煙雨迷漫，縱然穿著簑衣，垂釣煙雨，這麼度過此生也無妨。雨後清勁的春風把酒意吹醒了，有些寒意，抬起頭來，落日從山頭斜照，似是迎接著我。此時再回頭看剛遇風雨的地方，回去時，也沒了風雨，沒了天晴。描寫對於走過的風雨，蘇軾已能淡然處之。不論外在的困境打擊，不論是颳風下雨也罷，晴空萬里也好，於蘇軾而言，已經是沒有什麼差別的，不動於心。顯示出從容豁達的心態。

day 528

愉快的生活是由愉快的思想造成的。

牛頓（英國數學家、天文學家）

心有戚戚度〇〇〇

day 529

財富不應是生命的目的，它只是生活的工具。

比才（法國作曲家）

心有戚戚度〇〇〇

day 530★

黑雲暴雨到明霞

羅家倫（現代教育家、歷史學家）《黑雲暴雨到明霞》

心有戚戚度〇〇〇

day 531★

洛陽城裡見秋風，欲作家書意萬重。復恐匆匆說不盡，行人臨發又開封。

張籍（中唐詩人）〈秋思〉

心有戚戚度〇〇〇

day 532

以支持或反對的名義來解釋推理、真理或知識是毫無意義的。

傅柯（法國哲學家）

心有戚戚度〇〇〇

day 533

成語名句

振聾發聵：用以形容啟發人的心智，或振作人的意志。振，啟發。聵，天生失聰。**〈隨園詩話補遺〉**

day 534

生活沒有目標，就像航海沒有指南針。

大仲馬（法國作家）

心有戚戚度〇〇〇

day 535

我發現很多人認為一切都是命中註定，我們並無法改變任何事情，但是他們在過馬路前仍然會停下來看。

史蒂芬．霍金（英國物理學家）

心有戚戚度〇〇〇

day 536

得到朋友的唯一方法，就是成為別人的朋友。

愛默生（美國文學家、思想家）

心有戚戚度〇〇〇

day 537★

飛龍在天，利見大人。

《易經》

心有戚戚度〇〇〇

day 538

當人們問及我哪一個進球是最精彩、漂亮的，我的回答是：下一個！

比利（巴西足球球王）

心有戚戚度〇〇〇

day 539

要活就要像明天可能死去一般活著，要學習就要像你會永遠活著一般學習。

甘地（印度政治家）

心有戚戚度〇〇〇

小解說

★ day 530
羅家倫的著作名稱。

★ day 531
洛陽城裡已經開始颳起秋風，讓我更加思念家的溫暖，想要寫封家書，心中縱有千言萬語，卻不知從何說起。又怕時間匆促，該說的話沒有說盡。雖然付託帶信者要出發了，還是忍不住打開已封好的信，再添幾筆想念的話。

★ day 537
身為最高決策者的一國之尊，若真的想有所作為，就得重視並獲得王公大臣的意見與幫助。這是《易經．乾卦》九五爻，龍已經飛到了天上，「九五」是最高之位，代表帝君。「利」：宜的意思。

work

工作

day 540

正當的遊玩，是辛苦的安慰，
是工作的預備。

豐子愷（清末民初藝術家、文學家）

心有戚戚度○○○

day 541

休息與工作的關係，
正如眼瞼與眼睛的關係。

泰戈爾（印度詩人、諾貝爾文學獎得主）

心有戚戚度○○○

day 542

工作必須自己尋找，靠自己發掘，
如果只是被動地去接受工作，那便只是個雜兵。

織田信長（日本戰國大名）

心有戚戚度○○○

day 543

工作就是人生的價值，
人生的歡樂，也是幸福之所在。

羅丹（法國藝術家）

心有戚戚度○○○

day 544

不是喜歡那行才做那行，
而是要做那行就喜歡那行。

邱吉爾（英國前首相）

心有戚戚度○○○

day 545

我對青年的勸告，只有三句話，那就是：
認真工作，更認真工作，工作到底。

俾斯麥（普魯士王國首相、德意志帝國首相）

心有戚戚度○○○

day 546

成語名句

不遑暇食：沒有時間吃飯。形容工作緊張、忙碌、辛勞。

《尚書》

day 547

人類一生的工作，是精巧還是粗劣，
皆由他每一個習慣所養成。

富蘭克林（美國政治家、發明家）

心有戚戚度○○○

day 548

人才進行工作，而天才則進行創造。

舒曼（德國作曲家）

心有戚戚度○○○

day 549

靈感確實存在，
但是它需要你去工作才能找出。

畢卡索（西班牙畫家、雕塑家）

心有戚戚度○○○

day 550

哪裡有天才？
我是把別人喝咖啡的工夫，
都用在工作上的。

魯迅（現代文學家、思想家）

心有戚戚度○○○

day 551

工作開心的話，
人生就像遊樂園；
工作無趣的話，
人生就像地獄。

馬克西姆・高爾基（俄羅斯劇作家）

心有戚戚度○○○

day 552

愉快的疲勞呀，
連氣也不透，
幹完工作後的疲勞。

石川啄木（詩人）《一握之砂》

心有戚戚度○○○

day 553

工作攆跑三個魔鬼：
無聊、墮落、貧窮。

伏爾泰（法國哲學家、文學家）

心有戚戚度○○○

day 554

家庭是父親的王國，母親的世界，兒童的樂園。

愛默生（美國文學家、思想家）

心有戚戚度○○○

day 555

一個被污衊和滿身傷痕的人，仍然鼓起最後一絲勇氣，奮力要抵達不可抵達的星星。

塞萬提斯（西班牙作家、劇作家）《唐吉訶德》

心有戚戚度○○○

day 556

人的大腦好比胃腸，重要的並非你放進去多少，而是消化了多少。

艾爾伯特・諾特（美國作家、教育理論家）

心有戚戚度○○○

day 557★

夕陽無限好，只是近黃昏。

李商隱（晚唐詩人）〈登樂遊原〉

心有戚戚度○○○

day 558

成功是一種了不起的除臭劑，它能帶走所有你過去的味道。

伊莉莎白・泰勒（美國影星）

心有戚戚度○○○

day 559

盲目可以增加你的勇氣，因為你無法看到危險。

喬納森・斯威夫特《格列佛遊記》

心有戚戚度○○○

day 560

成語名句

成竹在胸：在事前內心已有定見，已經拿定主意。

〈文與可畫筼簹穀偃竹記〉

day 561

與其在意別人的背棄和不善，
不如經營自己的尊嚴和美好。

可可・香奈兒（香奈兒品牌創始人）

心有戚戚度○○○

day 562

以下這些人無法成功：
每天發牢騷過日子的人
因為錢才工作的人
說他人壞話的人
熱情不足的人
缺乏實力卻表現出高傲自大的人
說謊不眨眼的人
白白地韶光虛擲的人
晚上熬夜、早上貪睡不起的人
受人恩惠而不抱感謝之心的人
以自我為中心思考，完全不顧慮他人的人

島津源藏（島津製作所創辦人）〈十訓〉

心有戚戚度○○○

day 563★

一點浩然氣，千里快哉風。

蘇軾（北宋文學家）〈水調歌頭・黃州快哉亭贈張偓佺〉

心有戚戚度○○○

小解說

★ day 557

傍晚的景色雖然美麗，可惜不能久留。作者感嘆韶光易流逝，令人無奈。

★ day 563

人心中若具有一股天地間的浩然之氣，即便被貶至千里之外，在困境中也能感受到無窮愜意的快哉自適的自然之風！

day 564

世界上有種最為美麗的聲音，
那就是母親的呼喚。

但丁（義大利詩人）

心有戚戚度○○○

day 566★

道常無為而無不為。

老子（春秋時代思想家）《道德經》

心有戚戚度○○○

day 568

在混亂之中發現單純。

愛因斯坦（猶太裔物理學家）

心有戚戚度○○○

day 565

如果你希望成功，就以恆心為良友，
以經驗為參謀，以謹慎為兄弟吧！

愛迪生（美國發明家）

心有戚戚度○○○

day 567★

著意栽花花不發，等閒插柳柳成蔭。

關漢卿（元朝文人）〈魯齋郎〉

心有戚戚度○○○

day 569

人生的光榮，
不在永遠不失敗，
而在於能屢跌屢起。

拿破崙（法國政治家、軍事家）

心有戚戚度○○○

day 570

成語名句

東海揚塵：東海揚起灰塵，大海變成了陸地，
比喻世事極大變化。《太平廣記》

day 571

孩子的未來是好是壞，
完全取決於母親。

拿破崙（法國政治家、軍事家）

心有戚戚度○○○

day 572

弱者永遠都不會寬容，寬容是強者的特質。

甘地（印度政治家）

心有戚戚度○○○

day 573

做一個不可能實現的夢，
對抗一個無法擊敗的敵人，
忍受那無法容忍的悲傷，
跑向勇者不敢去的地方。

百老匯音樂劇《夢幻騎士》〈不可能實現的夢〉

心有戚戚度○○○

day 574★

不積跬步，無以至千里，
不積小流，無以成江海。

荀子（戰國末年思想家）《荀子．勸學》

心有戚戚度○○○

day 575

我們已經習慣了，
有些人偏要對他們不懂的事物挖苦。

柯南．道爾（英國作家、醫生）《四個簽名》

心有戚戚度○○○

小解說

★ day 566
道不會有所作為，總是順應萬物的本性，但是萬物就能因此成長茁壯。

★ day 567
特意有心種下的花不開，反倒是無意間插下的柳枝成了一片柳蔭。比喻強求的東西得不到，不經意的卻收穫滿滿。

★ day 574
如果不累積一個個半步，就無法到達千里之遠；如果不聚集涓涓細流，則無法形成長江海洋。走路時，踏出一腳向前是「跬」，再踏出另一腳則是「步」。所以「跬」就是半步的意思。

Love

愛情 2

day 576

愛的相反不是恨，而是冷漠。

埃利・維瑟爾（諾貝爾和平獎得主）

心有戚戚度○○○

day 577★

有美人兮，見之不忘，一日不見兮，思之如狂。

佚名《鳳求凰・琴歌》

心有戚戚度○○○

day 578

我本來沒有想要愛上他，也曾努力掐掉萌生的愛芽，但當我再見到他時，心底的愛又復活了。

夏綠蒂・勃朗特（英國作家）《簡愛》

心有戚戚度○○○

day 579

相憐相念倍相親，一生一代一雙人。

駱賓王（初唐詩人）〈代女道士王靈非贈道士李榮〉

心有戚戚度○○○

day 580

對於世界而言，你是一個人，而對於某個人，你是他的整個世界。

狄更斯（英國作家）《雙城記》

心有戚戚度○○○

day 581

不愛則已，要愛就得有始有終。

丁尼生（英國詩人）

心有戚戚度○○○

day 582

當遇到真愛，每個人都成了詩人。

柏拉圖（古希臘哲學家）

心有戚戚度○○○

day 583

成語名句

鳳凰于飛：鳳和凰相偕而飛。比喻夫妻同偕白首、相親相愛，常用來祝賀恩愛夫妻婚姻美滿。**《詩經》**

day 584

在愛情上如果考慮起自尊心來，那只能有一個原因：實際上你還是最愛自己。

毛姆（英國小說家、劇作家）《月亮與六便士》

心有戚戚度○○○

day 585★

人生若只如初見，何事秋風悲畫扇？

納蘭性德（清朝詞人）〈木蘭花令擬古決絕詞〉

心有戚戚度○○○

day 586

萬有引力可無法對墜入愛河的人負責。

愛因斯坦（猶太裔物理學家）

心有戚戚度○○○

day 587

戀愛是野玫瑰，友情是冬青樹。野玫瑰開花時，冬青樹失色。但它們能四季常開嗎？

愛蜜莉·布朗特（英國作家）

心有戚戚度○○○

day 588

死生契闊，與子成說，執子之手，與子偕老。

《詩經·邶風·擊鼓》

心有戚戚度○○○

day 589

以為什麼都不說對方就能明白，那就大錯特錯了。

日劇《求婚大作戰》

心有戚戚度○○○

day 590★

生怕離懷別苦，多少事，欲說還休。

李清照（北宋詞人）〈鳳凰台上憶吹簫〉

心有戚戚度○○○

day 591★

相思本是無憑語，莫向花箋費淚行。

晏幾道（北宋詞人）〈鷓鴣天〉

心有戚戚度○○○

小解說

★ day 577 有位美麗的女子，我自從見到了她，就難以忘懷，一天看不見她，心中的思念就像要發狂。

★ day 585 人和人之間若是只像剛剛認識時的平淡、陌生，那又有什麼好讓人感到悲傷的呢？

★ day 590 我好怕一旦想起別離的苦痛，有多少話想說，可是剛要說又不忍開口。

★ day 591 相思本來就無法用言語表達，你就不要再對著信紙落淚了。

愛情 2 Love

day 592

不會再愛了，因為我害怕失去。

日劇《101次求婚》

心有戚戚度○○○

day 593

她熱切的臉，如夜雨似的，攪擾著我的夢魂。

泰戈爾（印度詩人、諾貝爾文學獎得主）

心有戚戚度○○○

day 594★

春蠶到死絲方盡，蠟炬成灰淚始乾。

李商隱（晚唐詩人）〈無題〉

心有戚戚度○○○

day 595

戀愛是艱苦的，不能期待它像美夢一般出現。

拜倫（英國詩人）

心有戚戚度○○○

day 596

你為你的玫瑰花所付出的時間，使得玫瑰花對你變得那麼重要。

聖．修伯里（法國作家）《小王子》

心有戚戚度○○○

day 597

愛是捨生之事，我不認為是甜蜜的。

太宰治（日本小說家）

心有戚戚度○○○

day 598

這世上有成千上萬種愛，但從沒有一種愛可以重來。

費茲傑羅（美國作家）

心有戚戚度○○○

day 599

成語名句

張敞畫眉：漢人張敞幫妻子畫眉，比喻夫妻恩愛情深。

《漢書》

小解說

★ day 594
春蠶臨死之時，才會吐完牠的絲，蠟燭直點到燭芯成為灰燼，燭淚才會乾凝。為了愛情付出生命，是歌詠愛情的偉大。

★ day 600
這是流傳較廣的曾緘漢譯本。曾經想過，如果多情，跟隨著美麗姑娘，今生就無法學佛，但若到深山修行，又恐辜負姑娘。世間哪有辦法兩全其美，既可以修道參佛，不辜負如來佛，又可以與她恩恩愛愛而不辜負她。

曾慮多情損梵行
入山又恐別傾城
世間安得雙全法
不負如来不負卿

—倉央嘉措

མཛངས་མའི་ཐུགས་དང་བསྟུན་ན།།
ཚེ་འདིའི་ཆོས་སྐལ་ཆད་འགྲོ།།
དབེན་པའི་རི་ཁྲོད་འགྲིམས་ན།།
བུ་མོའི་ཐུགས་དང་འགལ་འགྲོ།།

— ཚངས་དབྱངས་རྒྱ་མཚོ།

心有戚戚度○○○

冠良抄

day 601

輝煌的人生，不在於長久不敗，是在於不怕失敗。

拿破崙（法國政治家、軍事家）

心有戚戚度○○○

day 602

我能成為一個科學家，最主要的原因是：對科學的愛好；思索問題的無限耐心；在觀察和蒐集事實上的勤勉；一種創造力和豐富的常識。

達爾文（英國生物學家）

心有戚戚度○○○

day 603

能醉心於某種嗜好，就是幸福。

喬治・蕭伯納（英國劇作家）

心有戚戚度○○○

day 604★

大凡物不得其平則鳴。

韓愈（中唐文學家、古文家）〈送孟東野序〉

心有戚戚度○○○

day 605

為名利而刻骨銘心，終身受苦，其愚如牛。

吉田兼好（日本詩人、散文家）

心有戚戚度○○○

day 606

一個人最傷心的事情，莫過於良心的死滅。

郭沫若（現代詩人、歷史學家）

心有戚戚度○○○

day 607

成語名句

高山流水：比喻知音或知己。也比喻高妙的樂曲。**《列子》**

day 608

只有無知，沒有不滿。

法拉第（英國科學家）

心有戚戚度○○○

day 610

這是最好的時候，也是最壞的時候。

狄更斯（英國作家）《雙城記》

心有戚戚度○○○

day 612★

拈花微笑．心心相印

《五燈會元．釋迦牟尼佛》

心有戚戚度○○○

day 609

當我歷數了人類在藝術上和文學上所發明的那許多神妙的創造，然後再回顧一下我的知識，我覺得自己簡直是淺陋之極。

伽利略（義大利物理學家、天文學家）

心有戚戚度○○○

day 611★

紙上得來終覺淺，絕知此事要躬行。

陸游（南宋文人）〈冬夜讀書示子聿．選一〉

心有戚戚度○○○

day 613

藝術是個謊言，但卻是一個能讓我們意識到真理的謊言。

畢卡索（西班牙畫家、雕塑家）

心有戚戚度○○○

小解說

★ day 604
大凡事物得不到平衡，就要發出聲音。指得到不公平待遇時，發出不滿之聲。

★ day 611
僅得到書本上的知識還遠遠不夠，絕對要親自實踐。

★ day 612
拈花微笑，源自釋迦牟尼佛在靈山會上說法：佛陀手持鮮花，出現在眾人面前，但是大家都面無表情，只有摩訶迦葉面露微笑，於是，佛陀便將心法傳給迦葉。比喻彼此互有默契，互通心意。

day 614

所有人類的人生，不過是藉神之手撰寫的神話故事而已。

安徒生（丹麥作家）

心有戚戚度○○○

day 615

如果我不曾見過太陽，我本可以忍受黑暗。

艾茉莉．迪更森（美國詩人）

心有戚戚度○○○

day 616★

學不可以已。

荀子（戰國末年思想家）《荀子．勸學》

心有戚戚度○○○

day 617

人生就好像迴力鏢，你投出什麼，就收穫什麼。

卡內基（美國人際關係大師）

心有戚戚度○○○

day 618

凡人慾望小，聖人慾望大。

二宮尊德（日本思想家、農政家）

心有戚戚度○○○

day 619

自由自由，天下古今幾多之罪惡，假汝之名以行。

羅蘭夫人（法國政治家）

心有戚戚度○○○

day 620

成語名句

菽水承歡：菽水是豆類和水，承歡為侍奉父母，博取歡心之意。形容家境雖然貧困，仍不忘盡力孝敬父母。**《儒林外史》**

day 621

青年人要有老年人的沉著，老年人應有青年人的精神。

（美國作家、記者）

心有戚戚度○○○

day 622★

哀哀父母，生我劬勞。

《詩經．小雅．蓼莪》

心有戚戚度○○○

day 623

難得糊塗，吃虧是福。

鄭板橋（清朝文人）

心有戚戚度○○○

day 624

我未曾想過寫譜是為了名譽與榮耀。我一定要把內心深處的東西釋放出來；這就是我作曲的原因。

貝多芬（德國音樂家）

心有戚戚度○○○

day 625

為學好像金字塔，要能廣大要能高。

胡適（現代學者、詩人）

心有戚戚度○○○

day 626

一切幸福都絕非沒有憂慮和煩惱，而一切逆境也絕非沒有慰藉與希望。

培根（英國哲學家）

心有戚戚度○○○

day 627

見思想如見其人，見知識如見其思想。

史賓諾莎（猶太裔哲學家）

心有戚戚度○○○

小解說

★ day 616

學習是不可以停止的。

★ day 622

「劬」是勞苦的意思。可憐的父母親，生育我是多麼的辛勞。

people

尼采

（德國哲學家）★

day 628

最堅強的靈魂是從苦難中培養出來的。

心有戚戚度○○○

day 629

對待生命你不妨大膽冒險一點，因為遲早你要失去它。如果這世界上真有奇蹟，那只是努力的另一個名字。生命中最難的階段不是沒有人懂你，而是你不懂你自己。

心有戚戚度○○○

day 630

人可以控制行為，卻無法約束感情，因為感情是變化無常的。

心有戚戚度○○○

day 631

為獲得知識，要學會利用內在的潮汐，順勢接近一件事物，一段時間之後，再順勢從那件事物上撤離。

《與孤獨為伍》

心有戚戚度○○○

day 632

人類唯有生長在愛中，才得以創造出新的事物。

心有戚戚度○○○

day 633

常常談論自己的人，往往只是為了隱藏自己。

《善惡的彼岸》

心有戚戚度○○○

day 634

成語名句

夙夜夢寐：形容人整天思慮，竭心盡力去完成計畫，即便在睡夢中也無一刻忘記。**《後漢書》**

day 635

生命是獲取知識的工具，只要秉持這個原則，就會勇氣百倍，還能盡情生活與開懷大笑！許多真理都是以笑話的形式講出來。

心有戚戚度○○○

day 636

習慣會使我們的雙手伶俐而頭腦笨拙。

《歡悅的智慧》

心有戚戚度○○○

day 637

一切從尊敬自己開始，尊敬一事無成、毫無成就的自己。

心有戚戚度○○○

day 638

一個人知道自己為什麼而活，就可以忍受任何一種生活。

心有戚戚度○○○

day 639

一段不幸的婚姻不是缺乏愛，而是缺乏友誼。

心有戚戚度○○○

day 640

人因夢想而偉大。

心有戚戚度○○○

day 641

祝福健忘的人，因為忘記錯誤會過得比較好。

心有戚戚度○○○

day 642

如果你想走到高處，就要憑自己的兩條腿！不要讓別人把你抬到高處；也不要坐在別人的背上和頭上。

《查拉圖斯特拉如是說》

心有戚戚度○○○

小解說

★尼采（1844～1900年），著名的德國語言學家、哲學家。對宗教、哲學以及科學各領域都提出批判，對後代哲學的發展，尤其是存在主義和後現代主義影響頗深。

day 643

道德往往能補足智慧的缺陷，而智慧卻永遠填補不了道德的缺陷。

但丁（義大利詩人）

心有戚戚度○○○

day 644

勝利屬於最堅忍的人。

拿破崙（法國政治家、軍事家）

心有戚戚度○○○

day 645★

海上生明月，天涯共此時。

張九齡（盛唐詩人）〈望月懷遠〉

心有戚戚度○○○

day 646

我們改變不了昨天——此事顯而易見，在明天到來之前，亦不能把它提前，因此，無論是對你還是對我，都要把每個今天過得盡可能地甜。

羅伯特．白朗寧（英國詩人、劇作家）

心有戚戚度○○○

day 647

忍耐是苦澀的，但果實卻是甘甜的。

盧梭（法國思想家、哲學家）《愛彌兒》

心有戚戚度○○○

day 648

成語名句

臥龍鳳雛：亦作「伏龍鳳雛」。臥龍、伏龍指孔明，鳳雛指龐統。比喻識時務，有雄才大略的英才俊傑。**《三國志》**

day 649

自由不是想做什麼，就做什麼，而是教會你不想做什麼，就可以不做什麼。

康德（德國哲學家）

心有戚戚度○○○

day 650

愛情不是語言所能表達的，只有用生活、用生活的全部來表達它。

托爾斯泰（俄國小說家、哲學家）《戰爭與和平》

心有戚戚度○○○

day 651

真誠之愛沒有坦途。

莎士比亞（英國戲劇家、作家）《仲夏夜之夢》

心有戚戚度○○○

day 652★

生年不滿百，常懷千歲憂。晝短苦夜長，何不秉燭遊。

《古詩十九首》

心有戚戚度○○○

day 653

財富是迷惑人的東西。

尾崎紅葉（日本作家）

心有戚戚度○○○

day 654

愉快與滿足是偉大的化妝師，保存綺年玉貌的名美容師。

狄更斯（英國作家）

心有戚戚度○○○

小解說

★ day 645

海上一輪明月，我們隔著天涯，此刻卻同時面對著這個月亮。這是作者在月夜中表達思念著遠方情人的愁緒。

★ day 652

人的一生不到百年，卻常常懷著千年的憂愁。因為白天很短而苦惱長夜漫漫，為何不拿著燭火夜遊呢？指人生苦短，要及時行樂。

day 655

一減一是零。
人生減掉愛會剩下什麼？
土壤失去了水分簡直像沙漠般。

武者小路石篤（日本小說家、劇作家）

心有戚戚度○○○

day 656★

摽有梅，其實七兮；求我庶士，迨其吉兮。
摽有梅，其實三兮；求我庶士，迨其今兮。
摽有梅，頃筐塈之；求我庶士，迨其謂之。

《詩經・召南・摽有梅》

心有戚戚度○○○

day 657

和你一同笑過的人，
你可能把他忘掉；
但是和你一同哭過的人，
你卻永遠不會忘。

紀伯倫（黎巴嫩詩人）

心有戚戚度○○○

day 658

挫折是偽裝的幸福。

法拉第（英國科學家）

心有戚戚度○○○

day 659

成語名句

不分畛域：本指不分界限，也形容關係很融洽，不分彼此。**《莊子》**

day 660

在天才和勤奮之間，我毫不遲疑地選擇勤奮，它幾乎是世界上一切成就的催生婆。

愛因斯坦（猶太裔物理學家）

心有戚戚度○○○

day 661

習慣如果是在幼年就起始的，那就是最完美的習慣，這是一定的，這個我們叫作教育。教育其實是一種從早年就起始的習慣。

培根（英國哲學家）

心有戚戚度○○○

day 662★

勤學如春起之苗，不見其增，日有所長；輟學如磨刀之石，不見其損，日有所虧。

陶淵明（東晉詩人）

心有戚戚度○○○

day 663

把「德性」教給你們的孩子吧！使人幸福的是德性，而非金錢。在困境中支撐著我的是道德，使我不曾有自殺念頭的，除了藝術，還有道德。

貝多芬（德國音樂家）

心有戚戚度○○○

小解說

★ day 656

樹上的梅子還剩下七成，想要追求我的君子呀，不要錯過好時辰；樹上的梅子還剩下三成，想要追求我的君子呀，要趁今日良辰；樹上的梅子已經熟得用筐來裝，想要追求我的君子呀，現在就可以相會。

★ day 662

勤奮學習就如同春天生長的禾苗，雖然眼睛觀察不到，不過禾苗的確是時時刻刻在生長；中斷學習就好比磨損的刀石，是年復一年磨損，知識一點一點忘掉，也並非一朝一夕形成。

水調歌頭

蘇軾

明月幾時有、把酒問青天、不知天上宮闕、
今夕是何年、我欲乘風歸去、又恐瓊樓玉宇、
高處不勝寒、起舞弄清影、何似在人間
轉朱閣、低綺戶、照無眠、不應有恨、
何事常向別時圓、人有悲歡離合、月有陰晴圓缺、
此事古難全、但願人長久、千里共嬋娟

心有戚戚度〇〇〇

成語名句

冰清玉潤：像冰一樣清明；如玉一般溫潤潔淨。比喻人有才有德，品行高潔。也用以代稱岳丈和女婿。《晉書》

day 666★

對酒當歌，人生幾何？譬如朝露，去日苦多。

曹操（東漢軍事家）〈短歌行〉

心有戚戚度〇〇〇

day 667★

非淡泊無以明志，非寧靜無以致遠。

諸葛亮（三國軍事家、政治家）《誡子書》

心有戚戚度〇〇〇

day 668

一天沒練習，只有自己知道。兩天沒練習，評論家會知道。三天沒練習，連聽眾都知道。

阿爾弗雷德・科爾托（法國鋼琴家、指揮家）

心有戚戚度〇〇〇

day 669

大自然才是一大本是絕妙的奇書，每張上都寫有無窮無盡的意義，我們只要學會了研究這一大本書的方法，多少能夠了解內容的奧義，我們的精神生活就不怕沒有滋養，我們理想的人格就不怕沒有基礎。

徐志摩（詩人、散文家）〈話〉

心有戚戚度〇〇〇

day 670

青年時期是豁達的時期，應該利用這個時期養成自己豁達的性格。

伯特蘭・羅素（英國數學家、哲學家）

心有戚戚度〇〇〇

小解說

★ day 664

我拿著酒杯問著蒼天：天上皎潔的明月是何時候會再出現？而天上神仙住的地方，不知道今夜是你一年？我想乘著風飛到天上的宮殿，又擔心神仙們住的太高，寒冷得讓人忍受不了。我起身在月光下起舞，舞弄著月下的光影。天上的宮殿是比不上人間的歡樂？月光緩緩地照著朱紅色的樓閣，灑入小窗，照著無法成眠的我。我不應該怨恨明月，但為何總是在與親人分隔兩地時才這麼圓滿呢？人的一生難免有悲歡、有離合，就像月亮有陰晴圓缺，這是自古以來就無法兩全其美的。我只希望在異鄉的親人能健康平安，這樣即使相隔千里，也能一起享受天上的明月。

★ day 666

對著美酒大聲高歌，人的一生有多長的歲月？有如早晨的露珠，轉眼就消失，逝去的時光太多了。勉勵大家要把握光陰。

★ day 667

唯有恬淡寡慾可表明我的意志，唯有安寧恬靜能推行久遠。不追求名利，生活簡樸以表現自己高尚的情趣；心情平穩沉著，才可有所作為。另一出處為西漢劉安的《淮南子・主述訓》。

time

光陰

day 671

昨天已逝，明天尚未到來，
我們只有今天，讓我們開始吧！

德蕾莎修女（慈善工作者、諾貝爾和平獎得主）

心有戚戚度○○○

day 672

最長的莫過於時間，因為它永無窮盡；
最短的也莫過於時間，
因為我們所有的計畫都來不及完成。

伏爾泰（法國哲學家、文學家）

心有戚戚度○○○

day 673★

盛年不重來，一日難再晨。及時當勉勵，歲月不待人。

陶淵明（東晉詩人）〈雜詩〉

心有戚戚度○○○

day 674

時間最不偏心，給任何人都是二十四小時；
時間也最偏心，給任何人都不是二十四小時。

赫胥黎（英國生物學家）

心有戚戚度○○○

day 675

時間就是性命。
無端地空耗別人的時間，
其實是無異於謀財害命。

魯迅（現代文學家、思想家）

心有戚戚度○○○

day 676

成語名句

白駒過隙：指快馬從縫隙一下子就奔馳過去。
比喻時間過得很快。**《莊子》**

day 677

時間就像一張網，你撒在哪裡，你的收穫就在哪裡。

佚名

心有戚戚度○○○

day 678

世上最珍貴的是時間，而最奢侈的是揮霍光陰。

莫札特（奧地利音樂家）

心有戚戚度○○○

day 679

失去的財富可以靠勤奮重獲，失去的知識可以藉學習彌補，失去的健康可以用節制和藥物恢復，然而，失去的光陰卻一去不復返。

塞繆爾・斯邁爾斯（英國社會改革家、散文作家）

心有戚戚度○○○

day 680★

少年易學老難成，一寸光陰不可輕。未覺池塘春草夢，街前梧葉已秋聲。

朱熹（南宋理學家）〈偶成〉

心有戚戚度○○○

day 681★

得擲且擲即今日，人生百歲駒過隙。

魏源（清朝思想家）

心有戚戚度○○○

day 682

時間是不可占有的公共財產，隨著時間推移，真理會愈加顯露。

培根（英國哲學家）

心有戚戚度○○○

小解說

★ day 673
壯年的歲月一逝不回，一天之中最寶貴的時間是清晨，一旦消逝就不再回頭。應該要及時勉勵自我，時光是不等人的。

★ day 680
少年時光如果不把握，是很快就會走向年老的。所以，每一寸光陰都該珍惜。不知不覺中，池塘已經長出春草，人們還沒發現，街道前梧桐葉已經捎來秋天的消息。少年易老，可是求學之路相當漫長，要好好把握時光，追求學識。

★ day 681
該丟棄的、該改正的，今日就丟棄吧！人生不過百年，很快就過去了。

day 683

微笑是沉默的語言。

小泉八雲（日本小說家）

心有戚戚度○○○

day 684

如果比任何人都努力三倍、四倍、五倍，那就是天才。

野口英世（日本細菌學家）

心有戚戚度○○○

day 685★

逝者如斯夫。不捨晝夜。

孔子（中國儒家創始人）《論語・子罕篇》

心有戚戚度○○○

day 686★

看似尋常最奇崛，成如容易卻艱辛。

王安石（北宋文人、政治家）〈題張司業詩〉

心有戚戚度○○○

day 687

無論你如何隱藏，想要挽留青春的純真，歲月還是會無情地在你臉上留下年輪的印記與風霜。

林徽因（作家、建築家）

心有戚戚度○○○

day 688

即便是最成功的科學家，他在十個希望和初步的結論中，能夠真正實現的也不到一個。

法拉第（英國科學家）

心有戚戚度○○○

day 689

成語名句

班荊道故：把荊條鋪在地上，坐在上面敘談往事。形容朋友途中相遇，不講究客套禮節，共敘舊情。**《左傳》**

day 690

一個人說出來的話必須是真的，但是他沒有必要把他知道的都說出來。

康德（德國哲學家）

心有戚戚度○○○

day 691

處世須留餘地，責善切戒盡言。

李叔同（清末民初藝術家及僧侶）

心有戚戚度○○○

day 692★

宜言飲酒，與子偕老，琴瑟在御，莫不靜好。

《詩經・鄭風・女日雞鳴》

心有戚戚度○○○

day 693

在時間的大鐘上，只有兩個字——現在。

莎士比亞（英國戲劇家、作家）

心有戚戚度○○○

day 694

生能夠常住不滅，恐世間將更無趣味。人世無常，或者正是很妙的事罷。

吉田兼好（日本詩人、散文家）《徒然草》

心有戚戚度○○○

day 695

世界上真正有價值的事物，需要熱情和犧牲才能完成。

史懷哲（諾貝爾和平獎得主、非洲之父）

心有戚戚度○○○

小解說

★ day 685
時光就像流水，一去不復返。不論白天還是黑夜都不停留。勉人要懂得把握時光。

★ day 686
許多人、事、物看似普通，卻可能最奇特不凡；看似容易成功的，實際上卻困難重重。

★ day 692
準備了幾杯酒，我希望能與你白頭偕老，如同桌子上的琴瑟般發出和諧的音樂，一切顯得那麼平靜而美好。

day 696

行動是老子，知識是兒子，創造是孫子。

陶行知（清末民初教育家）

心有戚戚度○○○

day 697

在幽默的領域裡，重複的威力是很大的。幾乎任何一個用詞確切一成不變的習慣用語，只要每隔一段時間鄭重地重複它五六次，最後總是逼得人家忍不住笑起來。馬克吐溫（美國作家）

心有戚戚度○○○

day 698

朕深覺如無朕所鍾情女人的協助與支持，不可能肩負身登大寶所願實施的重責大任。

愛德華八世（英國國王，退位後名銜為溫莎公爵）

心有戚戚度○○○

day 699★

丈夫有淚不輕彈，只因未到傷心處。

李開先（明代文人、戲曲家）《寶劍記》

心有戚戚度○○○

day 700

戀愛是一種疾病，無論怎樣沉重的戀愛，有朝一日一定會復原。

菊池寬（日本小說家、劇作家）

心有戚戚度○○○

day 701

沒有什麼比健康更快樂的了，雖然他們在生病之前並不曾覺得那是最大的快樂。

柏拉圖（古希臘哲學家）

心有戚戚度○○○

day 702

成語名句

笨鳥先飛：比喻愚笨、能力差的人怕落後，所以做事比別人先動手。〈陳母教子〉

day 703

我活著是為學習，而學習並不是為活著。

培根（英國哲學家）

心有戚戚度○○○

day 704

學問的生命在於活用，不能活用的學問等於沒有學問。

福澤諭吉（日本思想、教育家）《勸學》

心有戚戚度○○○

day 705★

年少拋人容易去。

晏殊（北宋詩人）〈玉樓春〉

心有戚戚度○○○

day 706

吃自己的飯，滴自己的汗，自己的事自己幹，靠人，靠天，靠祖上，不算是好漢！

陶行知（清末民初教育家）

心有戚戚度○○○

day 707

既異想天開，又實事求是，這是科學工作者特有的風格，讓我們在無窮的宇宙長河中去探索無窮的真理吧！

郭沫若（現代詩人、歷史學家）

心有戚戚度○○○

day 708

無論是多不重要的事，只要樂在其中，都會獲益無窮。

達爾文（英國生物學家）

心有戚戚度○○○

小解說

★ day 699
大丈夫不輕易流淚，就是因為還沒讓他感到傷心的時候，指男人的堅毅。

★ day 705
年少時因不懂得珍惜，總是虛度大好青春時光。勸人把握住時光。

friendship

友情 2

day 709

猜忌是在對友誼下毒。

聖奧古斯丁（神學家、哲學家）

心有戚戚度○○○

day 710

得不到友誼的人將是終身可憐的孤獨者；沒有友情的社會只是一片繁華的沙漠。

培根（英國哲學家）

心有戚戚度○○○

day 711★

人生交契無老少，論交何必先同調。

杜甫（盛唐詩人）〈徒步歸行〉

心有戚戚度○○○

day 712

友誼是靈魂的結合，這個結合是可以離異的，這是兩個敏感、正直的人之間心照不宣的契約。

伏爾泰（法國哲學家、文學家）

心有戚戚度○○○

day 713★

桃花潭水深千尺，不及汪倫送我情。

李白（盛唐詩人）〈贈汪倫〉

心有戚戚度○○○

day 714

友誼像清晨的霧一樣純潔，奉承並不能得到它，友誼只能用忠實去鞏固。

馬克思（德國哲學家）

心有戚戚度○○○

day 715

成語名句

刎頸之交：刎頸是指割脖子。割脖子的交情，比喻生死之交的共患難之友。**《史記》**

day 716

友誼之光像燐火，當四周漆黑之際，最為顯露。

喬治・桑塔亞那（西班牙裔美國哲學家）

心有戚戚度○○○

day 718★

渭城朝雨浥清塵，客舍青青柳色新。勸君更惜一杯酒，西出陽關無故人。

王維（盛唐詩人）〈渭城曲〉

心有戚戚度○○○

day 717

友情像一棵樹木，要慢慢地栽培，才能成長真的友誼，要經過困難考驗，才可友誼永固。

華盛頓（美國第1任總統）

心有戚戚度○○○

day 719

最難忍受的孤獨莫過於缺少真正的友誼。

培根（英國哲學家）〈培根人生論〉

心有戚戚度○○○

day 720

友誼是兩顆心的真誠相待，而不是一顆心對另一顆心的敲打。

魯迅（現代文學家、思想家）

心有戚戚度○○○

小解說

★ day 711
人與人的交往，不分年紀，如果能夠相交，何須先求同樣的身分地位？

★ day 713
桃花潭的潭水深達千尺，卻比不上汪倫特地前來相送的友情。說明彼此友誼情深。

★ day 718
早晨的一場細雨，潤濕了渭城的塵土，旅舍旁的柳樹，顯得更加青綠。奉勸老友再斟一杯酒吧！一旦西出陽關，就不再有好友了。比喻友誼深厚。「渭城」是今日的陝西西安市。

book

閱讀

day 721

閱讀就是拋棄自己的一切意圖與偏見，隨時準備接受突如其來且不知來自何方的聲音。

卡爾維諾（義大利作家）《如果在冬夜，一個旅人》

心有戚戚度○○○

day 722★

讀書百遍，其義自見。

陳壽（西晉史學家）《三國志》

心有戚戚度○○○

day 723

書籍是改造靈魂的工具。
而人類所需要的，
是具有啟發性的養分。
而閱讀，正是這種養分。

雨果（法國作家）《悲慘世界》

心有戚戚度○○○

day 724

讀古人的書，一方面要知道古人聰明到怎樣，
一方面也要知道古人傻到怎樣。

胡適（現代學者、詩人）

心有戚戚度○○○

day 725

也許我們童年時期那些最好的日子，
都是和自己心愛的書一起度過的。

馬塞爾・普魯斯特（法國作家）

心有戚戚度○○○

day 726

讀書給我更多的憩息，引導我散步在別人的知識與靈魂中。

尼采（德國哲學家）

心有戚戚度○○○

day 727

喜歡讀書，就等於把生活中寂寞的時光換成巨大享受的時刻。

莫泊桑（法國作家）

心有戚戚度○○○

day 728★

讀書好處心先覺，立雪深時道已傳。

袁枚（清朝詩人、散文家）《隨園詩話》

心有戚戚度○○○

day 729

讀書以過目成誦為能，最是不濟事。眼中了了，心下匆匆，方寸無多，往來應接不暇，如看場中美色，一眼即過，與我何益也。

鄭板橋（清朝文人）

心有戚戚度○○○

day 730★

余嘗謂讀書有三到。謂心到，眼到，口到。心不在此，則眼不看仔細。心眼既不專一，卻只漫浪誦讀。決不能記。記，亦不能久也。三到之中，心到最急。心既到矣，眼口豈不到乎？

朱熹（南宋理學家）《訓學齋規》

心有戚戚度○○○

小解說

★ day 722 書讀了上百遍，書中蘊含的道理自然就能領會。意指書要熟讀才能領會。

★ day 728 如果理解了書中的意義，心便能首先領悟；假若能做到程門立雪尊師重道，治世之道便能廣傳。

★ day 730 我常說讀書要做到三要點：就是心到，眼到，口到。若心不在書本上，眼看不仔細，心和眼既然不專一，只是漫不經心地隨易誦讀，絕無法記住，即使能記住也不會長久。這讀書「三到」之中，心到最為重要。心已經到了，眼和口難道能不到嗎？

day 731

千萬人的失敗，都是敗在做事不夠徹底；往往在距離成功一步之遙處就停止不做了。

莎士比亞（英國戲劇家、作家）

心有戚戚度〇〇〇

day 732

唯有你也想見我的時候，我們見面才有意義。

西蒙・波娃（法國作家、女權主義者）《越洋情人》

心有戚戚度〇〇〇

day 733★

春有百花秋有月，夏有涼風冬有雪，若無閒事掛心頭，便是人間好時節。

慧開禪師（宋朝禪僧）

心有戚戚度〇〇〇

day 734

世上並沒有像壞人模子這樣的東西刻出來的壞人。大家平日都是好人，起碼是普通人，然而一到緊要關頭，便搖身一變成了壞人，所以才可怕，更不能疏忽大意。

夏目漱石（日本作家、評論家）《心》

心有戚戚度〇〇〇

day 735

讀書無疑者，須教有疑，有疑者，卻要無疑，到這裡方是長進。

朱熹（南宋理學家）《朱子語類》

心有戚戚度〇〇〇

day 736

成語名句

白雲孤飛：唐狄仁傑登太行山時，見白雲孤飛，而思起在河陽的雙親，感到惆悵萬緒，不可言喻。後比喻客居思親。**《新唐書》**

day 737

想得到地位、獲得人人稱羨的一切，但是這種功名金字塔越是接近頂端，立足點越窄小，危險性就越大。

田中芳樹（日本小說家）《銀河英雄傳說》

心有戚戚度○○○

day 738★

眾裡尋他千百度。驀然回首，那人卻在，燈火闌珊處。

辛棄疾（南宋詞人）《青玉案・元夕》

心有戚戚度○○○

day 739

如果是我錯了，我憑什麼生氣；如果是別人錯了，我為什麼要生氣。

林則徐（清朝政治家、思想家）

心有戚戚度○○○

day 740

女人愛上了我們，一切都不計較，哪怕是我們的罪惡；一旦她們不愛我們了，便把我們看得一文不值，連我們的優點都在內。

巴爾扎克（法國作家）

心有戚戚度○○○

day 741

一個人的價值在於他的才華，而不在他的衣飾。

雨果（法國作家）

心有戚戚度○○○

小解說

★ day 733
春天有百花綻放，秋天映著皎潔月亮，夏天吹來徐徐涼風，冬天飄著皚皚白雪。都不記掛在心，便是人間最好的時節了。這些四季變化就如同人生的高低起伏，如果能看淡，不過分在意，知足惜福，每一天都人生好時節。

★ day 738
眾人之中，我頻頻尋找她，不知幾千幾百次了，都找不著。正當我失望難過的時候，猛一回頭，啊！我苦苦思念的人，竟站在燈火稀疏的地方啊！意謂原來我們常常追求的，其實就在身邊。

day 742

一個人在意識到他心中的愛情已經漸漸消逝時，能毅然決然地在一個痛苦而莊嚴的時刻，與他曾經相愛過的人分手，這種人，要比無聊和懦弱，虛與委蛇的人更懂得愛的真諦。

屠格涅夫（俄國作家）《安德列·科洛索夫》

心有戚戚度○○○

day 743

翅膀長在你的肩膀上，太在乎別人對你的飛行姿勢的批評，所以你無法飛翔。

卡森·麥克勒絲（美國作家）《傷心咖啡店之歌》

心有戚戚度○○○

day 744★

不畏浮雲遮望眼，自緣身在最高層。

王安石（北宋文人、政治家）〈登飛來峰〉

心有戚戚度○○○

day 745

人性真正偉大的光輝並不在於永不墜落，而在於墜落後總能再度升起。

曼德拉（南非政治家）

心有戚戚度○○○

day 746★

青青子衿，悠悠我心。但為君故，沉吟至今。

曹操（東漢軍事家）〈短歌行〉

心有戚戚度○○○

day 747

成語名句

廊廟之器：比喻才能足以擔當重任的人。亦作「廊廟之具」、「廊廟之才」。**《三國志》**

day 748

如果你希望成功，就以恆心為良友，以經驗為參謀，以謹慎為兄弟吧！

愛迪生（美國發明家）

心有戚戚度〇〇〇

day 750★

有田不耕倉廩虛，有書不讀子孫愚。寶劍鋒從磨礪出，梅花香自苦寒來。少壯不經勤學苦，老來方悔讀書遲。書到用時方恨少，事到經過才知難。

《警世賢文・勤奮篇》

心有戚戚度〇〇〇

day 749★

排除了所有的不可能因素之後，剩下來的即使再怎麼不可能，必定是真相。

福爾摩斯（英國偵探）《綠玉皇冠案》

心有戚戚度〇〇〇

day 751

世界充滿了神奇的事物，它們正耐心等待著我們變得更有智慧。

羅素（英國哲學家、數學家）

心有戚戚度〇〇〇

day 752

美，不存於面龐；美，是心中的光。

紀伯倫（黎巴嫩詩人）

心有戚戚度〇〇〇

小解說

★ day 744
儘管天空中有一朵朵的浮雲，但我不怕會遮住我的視線，因為我已經站在最高處，可以看得很遠。此處王安石意指不會受到小人瑣碎言語所阻隔。

★ day 746
有著青色衣領的人，讓我如此思念。就是因為你們，讓我至今一直低吟著「子衿」歌。

★ day 749
福爾摩斯是由英國作家柯南・道爾創造的知名偵探。

★ day 750
土地荒廢無收成，使得米倉空虛；不教育子孫讀書，子孫就會愚笨。寶劍的鋒利是經由不斷的磨礪而得；梅花飄出的淡香是因為度過凜冽的寒季。年輕時不發憤苦讀，年歲長了才後悔當年沒有認真讀書。知識真正要使用時，才驚覺不夠。事情若非自己親身經歷了，便不知當中的難處。

day 753

愛果然是非常奇妙的東西，比翡翠還珍重，比瑪瑙更寶貴。

王爾德（愛爾蘭作家、詩人）《夜鶯與玫瑰》

心有戚戚度○○○

day 754

讓我們面對現實，讓我們忠於理想。

切・格瓦拉（阿根廷革命家）

心有戚戚度○○○

day 755

人生有如負重致遠，不可急躁。

德川家康（日本戰國大名）

心有戚戚度○○○

day 756

不要靠饋贈來獲得朋友。必須貢獻你摯情的愛，學習如何用正當方法來贏得一個人的心。

蘇格拉底（古希臘哲學家）

心有戚戚度○○○

day 757

生命是一篇小說，不在長，而在好。

塞內卡（古羅馬哲學家、政治家）

心有戚戚度○○○

day 758

成語名句

寒泉之思：比喻孝子思親之心。《詩經》

day 759

巨大的財富對一個不擅掌握錢財的人而言，是一種毒害，它會侵入他品德的血肉和骨髓。

馬克吐溫（美國作家）

心有戚戚度○○○

day 760★

人生大病，只是一「傲」字。

王陽明（明朝思想家、哲學家）《傳習錄》

心有戚戚度○○○

day 761

女人是用耳朵戀愛的，但男人如果會產生愛情的話，則是用眼睛來戀愛。

莎士比亞（英國戲劇家、作家）

心有戚戚度○○○

day 762

時間是偉大的作者，她能寫出未來的結局。

卓別林（英國默劇大師）

心有戚戚度○○○

day 763

記住該記住的，忘記該忘記的。改變能改變的，接受不能改變的。

佚名

心有戚戚度○○○

day 764

光陰其實比價值一兆的寶石還要來得寶貴，生命也不應該隨隨便便地拋棄。

田中芳樹（日本小說家）《銀河英雄傳說》

心有戚戚度○○○

小解說

★ **day 760**
指人的心中不可只有我，對人對事仍須保有謙虛之心。

day 765

失去的財富可以靠勤奮換來，失去的知識可以靠學習得來，失去的健康可以靠節制或藥物得來，但是失去的光陰一去不復返。

斯邁爾斯（英國作家）

心有戚戚度○○○

day 766

只有改變，才是唯一的永恆。

岡倉天心（日本美術家）

心有戚戚度○○○

day 767★

勤學如春起之苗，不見其增，日有所長；輟學如磨刀之石，不見其損，日有所虧。

陶淵明（東晉詩人）

心有戚戚度○○○

day 768

人生就像畫素描一樣：有時你必須行動明快果決，迅如閃電捕捉事物，描繪形貌。

梵谷（荷蘭畫家）

心有戚戚度○○○

day 769

嫉妒能使人得到短暫的快感，但也能使不幸更辛酸。

培根（英國哲學家）

心有戚戚度○○○

day 770

我非常喜歡現在的生活，別無所求。

塔莎．杜朵（美國作家、插畫家）

心有戚戚度○○○

day 771

成語名句

松風水月：形容事物清朗，或比喻人品高潔。**〈聖教序〉**

泰戈爾（印度詩人、諾貝爾文學得主）

day 772

我寧願要那種雖然從外在看不見，但卻能表現出內在品質的美。

心有戚戚度○○○

day 773

使生如夏花之絢爛，死如秋葉之靜美。

心有戚戚度○○○

day 774

眼睛為她下著雨，心卻為她打著傘，這就是愛情。

心有戚戚度○○○

day 775

我不能選擇那最好的，是那最好的選擇了我。

心有戚戚度○○○

小解說

★ day 767

學習就像春天生長的禾苗，即便眼睛觀察不到，但禾苗的確時時刻刻都在生長；而學習一旦中斷，所學的知識會在不知不覺中忘掉。勸人學習要持之以恆，知識得靠一點一滴的累積，才可見到成效。

day 776

你要是按照自然來造就你的生活，你就絕不會貧窮；要是按照人們的觀念來造就你的生活，你就絕不會富有。

伊比鳩魯（古希臘哲學家）

心有戚戚度○○○

day 777

人們覺得我是個有紀律的人，這不是紀律，這是因熱忱而盡全力，兩者有很大的區別。

帕華洛帝（義大利歌劇男高音）

心有戚戚度○○○

day 778★

我以外皆我師。

吉川英治（日本作家）

心有戚戚度○○○

day 779★

今夕何夕，見此邂逅。

《詩經・唐風・綢繆》

心有戚戚度○○○

day 780

善用你們現在對自己「無所懷疑」這點，將「缺乏經驗」視為你最大的財富，因為它將引領你走出一條屬於自己的路。

娜塔莉・波曼（以色列裔美國女演員）《2015 年哈佛大學畢業生演講》

心有戚戚度○○○

day 781

成語名句

冬溫夏凊：在寒冬裡為父母溫暖被褥，在盛夏中為父母搧涼床蓆。後用以稱讚子女孝事雙親。**《禮記》**

day 782★

一盎司謹慎抵得上一磅黃金。

斯摩萊特（英國文學家、醫生）

心有戚戚度○○○

day 783

那時候，你還很年輕，人人都說你美。現在，我是特意來告訴你，對我來說，我覺得現在你比年輕的時候更美。與你那時的面貌相比，我更喜歡你飽經滄桑的容顏。

莒哈絲（法國作家）《情人》

心有戚戚度○○○

day 784★

慎終如始，則無敗事。

老子（春秋時代思想家）《道德經》

心有戚戚度○○○

day 785

沒有所謂適當的時機，別等了，時機不會就這麼剛好。

拿破崙（法國政治家、軍事家）

心有戚戚度○○○

day 786

苦難顯才華，好運隱天資。

賀拉斯（古羅馬詩人）

心有戚戚度○○○

day 787

順境不足喜，逆境不足憂。

洪應明（明朝文人）《菜根譚》

心有戚戚度○○○

小解說

★ day 778
這是吉川英治的座右銘。意指除了自己之外，其他所有人都可為自己的老師，有值得學習、效法之處。

★ day 779
今晚是什麼樣的夜晚，能在此不期而遇。

★ day 782
一盎司約31克，一磅約454克。

★ day 784
當事情即將結束，保持像剛開始時那樣慎重，事情自然能成功。勸人自始至終都要謹慎行事。

day 788

說到我的事業，我為它豁出了我的生命，因為它，我的理智已近乎崩潰，這一切都無所謂。

梵谷（荷蘭畫家）

心有戚戚度○○○

day 789

對我來說，生命中最重要的事，就是正直地活著。

艾倫．狄珍妮（美國脫口秀主持人）《2009 年杜蘭大學畢業生演講》

心有戚戚度○○○

day 790★

來世不可待，往世不可追也。

莊子（戰國時代思想家）《莊子．人間世》

心有戚戚度○○○

day 791

如果我們要實現目標，那麼讓我們利用知識這一武器自我激勵，讓我們透過團結與友愛自我保護。

馬拉拉（諾貝爾和平獎得主、巴基斯坦活動家）《2013 年聯合國演說》

心有戚戚度○○○

day 792

讓自己幸福，是唯一的道德。

莎岡（法國小說家）

心有戚戚度○○○

day 793★

千磨萬擊還堅勁，任爾東西南北風。

鄭板橋（清朝文人）《鄭板橋集》

心有戚戚度○○○

day 794

成語名句

十年磨劍：經過多年刻苦的鍛鍊、磨練。**《劍客》**

day 795

不是頭銜榮耀人，而是人榮耀頭銜。

馬基維利（義大利政治思想家、哲學家）

心有戚戚度○○○

day 796

人生就像弈棋，一步失誤，便全盤皆輸，這是令人悲哀的事；而且人生還不如弈棋，不可能再來一局，也不能悔棋。

佛洛伊德（奧地利心理學家）

心有戚戚度○○○

day 797★

莫怪世人容易老，青山也有白頭時。

駱綺蘭（清朝畫家、文人）《對雪》

心有戚戚度○○○

day 798

如果單純想要幸福，這很容易做到，但我們想比別人幸福，這一向難以達成，因為我們會誇大別人的幸福。

孟德斯鳩（法國思想家）

心有戚戚度○○○

day 799

任何時代都是異類奇才在改變世界，身為將領要有容納奇才的雅量。

織田信秀（日本戰國大名）

心有戚戚度○○○

day 800

所有隨風而逝的都屬於昨天的，所有歷經風雨留下來的才是面向未來的。

瑪格麗特・米切爾（美國作家）《飄》

心有戚戚度○○○

小解說

★ day 790 來世的事情不可期望、等待，過去的時日無法追回。

★ day 793 此處藉著竹子不怕外界的打擊，依舊堅強挺立，喻鄭板橋自身不怕艱難、堅韌的性格與不畏強權的態度。

★ day 797 不要埋怨世上的人終將蒼老，即使是翠綠的青山也有白頭的一日。人無論貧富，生命自會一天天消逝，所以人在有限的生命中，須好好珍惜、面對。

書寫是一種愛的行為，如果不是，
那書寫就只是書寫而已。

考克多（法國詩人）

心有戚戚度○○○

國家圖書館出版品預行編目資料

一天一則，日日向上肯定句 800／
療癒人心悅讀社 -- 初版.
-- 台北市：朱雀文化，2016.04
面； 公分 --（Lifestyle；039）
ISBN 978-986-92513-7-2

1. 格言
192.8　　105004645

Lifestyle 039

一天一則，日日向上肯定句800

編著／療癒人心悅讀社
美術・圖片／鄧宜琨
編輯／彭文怡
校對／連玉瑩、郭靜澄
行銷企劃／石欣平
企畫統籌／李橘
總編輯／莫少閒
出版者／朱雀文化事業有限公司
地址／台北市基隆路二段13-1號3樓
電話／（02）2345-3868
傳真／（02）2345-3828
劃撥帳號／19234566 朱雀文化事業有限公司
e-mail／redbook@ms26.hinet.net
網址／ http://redbook.com.tw
總經銷／大和書報圖書股份有限公司（02）8990-2588
ISBN／978-986-92513-7-2
初版一刷／2016.04
定價／280元
出版登記 北市業字第1403號

特別感謝

手寫字提供：丹硯（p.94）、郭冠良（p.111）、顏立中（p.122）、
趙業（p.141）